Printed in the USA
CPSIA information can be obtained
at www.ICGtesting.com
CBHW071821180724
11673CB00023B/814

9 789358 723601

امام بخاری کی علمی خدمات

مرتب:
ادارہ محدث

© Idara Mohaddis

Imam Bukhari ki Ilmi Khidmaat
Edited By: Idara Mohaddis
Edition: February '2024
Publisher :
Taemeer Publications LLC (Michigan, USA / Hyderabad, India)

ISBN 978-93-5872-360-1

مصنف یا ناشر کی پیشگی اجازت کے بغیر اس کتاب کا کوئی بھی حصہ کسی بھی شکل میں بشمول ویب سائٹ پر
اَپ لوڈنگ کے لیے استعمال نہ کیا جائے۔ نیز اس کتاب پر کسی بھی قسم کے تنازع کو نمٹانے کا اختیار
صرف حیدرآباد (تلنگانہ) کی عدلیہ کو ہو گا۔

© ادارہ محدث

کتاب	:	**امام بخاری کی علمی خدمات**
مرتبہ	:	**ادارہ محدث**
صنف	:	مذہب
ناشر	:	تعمیر پبلی کیشنز (حیدرآباد، انڈیا)
سالِ اشاعت	:	۲۰۲۴ء
صفحات	:	۶۲
سرورق ڈیزائن	:	تعمیر ویب ڈیزائن

فہرست

(۱)	امام بخاری رحمۃ اللہ علیہ	عبدالرشید عراقی	6
(۲)	امام بخاری بحیثیت فقیہ	عبداللہ زائد	22
(۳)	امام بخاری اور ان کی علمی خدمات	عبدالرشید عراقی	38

(۱) امام بخاری رحمۃ اللہ علیہ

عبدالرشید عراقی

جامع صحیح کا مقصد و مقصود اعظم:

عام نظروں میں امام بخاری صرف محدث ہیں اور محدثین کے متعلق یہ سمجھ لیا گیا ہے کہ یہ بیچارے صرف جامع ہیں۔ فقہ واستدلال سے ان کا کوئی لگاؤ نہیں بلکہ حدیث کا جامع ہونا کچھ ایسا عیب سمجھا جاتا ہے کہ اس کے ساتھ فقہ واستدلال کی خوبیاں بالکل جمع نہیں ہو پاتیں۔ (علوم حدیث میں کم مائیگی کو چھپانے کے لیے یہ کتنی اچھوتی توجیہ ہے؟) یہی وجہ ہے کہ ان لوگوں نے محدثین کرام کے عطار اور فقہائے کرام کو طبیب (جانچ پڑتال کرنے والے) کہہ کر اپنی کمزوریوں کو چھپانے کی ناکام کوشش کی ہے۔ ان سب لوگوں کے لیے صحیح بخاری کا مطالعہ بہترین جواب ہے۔

اس کی اسنادی خوبیوں پر فی الحال غور نہ کیجئے، ابواب کی ترتیب دیکھیے، اس میں فقہ، تفسیر، لغت اور ادب کا کتنا بڑا ذخیرہ پنہاں ہے۔

امام صاحب نے جب احادیث کو پیش فرمایا اس وقت فقہی مذاہب مدون ہو کر شہروں میں پھیل چکے تھے۔ تفسیری علوم نے بھی شہرت حاصل کر لی تھی۔ الفاظ قرآن کی لغوی وادبی تشریحات کی بوقلمونی نے بھی اپنے حلقوں میں رنگ جما رکھا تھا۔ فتنوں کا آغاز ہو چکا تھا۔ اعتزال وجہمیت کے لوگ کثرت سے شکار ہو رہے تھے چنانچہ خود محدثین کو چھیڑا جاتا اور دریافت کیا جاتا کہ آپ خلق قرآن کے متعلق کیا

رائے رکھتے ہیں؟

ان علوم کو نگاہ میں رکھیے جو زمانے کے ارتقاء سے پیدا ہو چکے تھے اور پھر امام بخاری رحمۃ اللہ علیہ کے قائم کردہ ابواب پر ایک سرسری نظر ڈالی جائے تو معلوم ہو گا اس میں کس قدر جامعیت ہے۔ فقہ کے ایک سوال کو سامنے رکھا ہے اور قرآن و حدیث سے اس کے مقابلہ میں اپنے مسلک کی تائید فرمائی ہے۔

اگر ایک لفظِ قرآنی کئی معانی کا متحمل ہے تو اس موزونیت سے قرآن کی آیت سامنے لائے ہیں کہ صحیح معنی کی تطبیق ہو گئی ہے۔ پھر بغیر بتائے اور وضاحت کیے قرآنی نگینوں کو اس طرح باب اور حدیث کے درمیان جڑتے چلے جاتے گئے ہیں کہ خود بخود نئے معانی ذہن میں اترنا شروع ہو جاتے ہیں۔

یہ وقت کے عقلی فتنوں کا بھی جواب ہے اور اس کے ہی ساتھ یہ وضاحت بھی کہ قرآن حکیم اور حدیث نے ان کے مقابلہ میں کس عقیدے کی تبلیغ کی ہے؟

تفصیل کا یہ مقام نہیں، صرف یہ بتانا مقصود ہے کہ صحیح بخاری صرف حدیث کی کتاب نہیں، اس میں تفسیر بھی ہے، فقہ واستدلال کے عمدہ نمونے بھی ہیں اور دقیق متکلمانہ بصیرت بھی!

حافظ ابن حجر (م ۸۵۲ھ) فرماتے ہیں:

"مصنف نے پوری کتاب میں صحت کا التزام رکھا ہے اور اس میں صرف احادیث صحیحہ ہی لائے ہیں۔ اس کے ساتھ فقہی مسائل اور حکیمانہ نکتوں کا بھی لحاظ رکھا گیا ہے، متون احادیث ہے بہت سے معانی استنباط کی طرف پوری توجہ دیتے ہیں اور اس عجیب و غریب معانی کی طرف اشارہ کیا ہے"

امام شاہ ولی اللہ محدث دہلی رحمۃ اللہ علیہ (م ۱۱۷۴ھ) فرماتے ہیں:

"امام بخاری کی اصل غرض وغایت احادیث کے ذخیرہ میں سے صحیح و مستفیض ومتصل کا انتخاب ہے اور فقہ وسیرت اور تفسیر کو بھی استنباط کیا ہے۔اخذِ حدیث میں جو شرط انہوں نے مقرر کی تھی،وہ بدرجہ کمال پوری کی ہے۔

اس سے معلوم ہوا کہ امام صاحب کا مقصود اپنی "الجامع الصحیح" میں طرقِ استنباط ہے۔

کتب احادیث میں صحیح بخاری کا مقام:

جمہور علمائے امت کا اس پر اتفاق ہے کہ صحیح بخاری کو صحاح اور تمام کتبِ احادیث پر ترجیح حاصل ہے۔

امام نووی (م ٦٧٦ھ) فرماتے ہیں:

"علمائے اسلام کا اتفاق ہے کہ صحیح بخاری صحت اور دیگر فوائد کے لحاظ سے صحیح مسلم پر فائق ہے"۔

علامہ ابن کثیر (م ٧٧٤ھ) فرماتے ہیں:

"امام بخاری کا صحیح مسلم یا کوئی اور کتاب مقابلہ نہیں کر سکتی۔"

امام دار قطنی (م ٣٨٥ھ) فرماتے ہیں:

" لولا البخاری لما جاء مسلم-"

"اگر بخاری نہ ہوتے تو مسلم کا وجود نہ ہوتا۔"

حضرت شاہ عبد العزیز محدث دہلوی رحمۃ اللہ علیہ (م ١٢٣٩ھ) فرماتے ہیں:

"بخاری، مسلم، وموطا کی حدیثیں نہایت صحیح ہیں اور موطا کی اکثر روایات مرفوعہ صحیح بخاری میں موجود ہیں۔"

تعداد روایات:

امام نووی اور حافظ ابن صلاح کے نزدیک تکرار کے ساتھ بخاری کی روایات کی تعداد ۷۲۷۵ ہے اور عدم تکرار کے ساتھ ۴۰۰۰۔

لیکن شیخ الاسلام حافظ ابن حجر فرماتے ہیں کہ:

"روایات مرفوعہ کی تعداد ۷۳۹۷ اور تکرار کے ساتھ متابعات و تعلیقات کی تعداد ۱۳۴۱ ہے جن میں اکثر کو امام بخاری نے مسنداً بیان کیا ہے۔ اور موقوفاتِ صحابہ ومقطوعاتِ تابعین کی تعداد ۳۴۱ ہے۔ اس طرح مجموعی تعداد ۹۰۸۲ ہے۔ غیر مکرر روایات مرفوعہ ۲۳۵۳ اور غیر مکرر متابع و معلق ۱۶۰ ہیں اس طرح غیر مکرر مجموعہ ۲۵۱۳ ہے۔ اس تعداد میں آثارِ صحابہ و تابعین، جن کا تراجم ابواب میں تذکرہ ہے، شامل نہیں ہین۔

صحیح بخاری کے تراجم ابواب:

امام صاحب نے صحیح بخاری کے تراجم ابواب میں بڑے بڑے اعلیٰ مقاصد پیش نظر رکھے ہیں جس طرح احادیث صحیحہ کی تخریج ان کے پیش نظر تھی، اسی طرح وہ ان سے بہت سے مسائل کا استنباط واستخراج بھی فرماتے ہیں۔ اسی لیے کبھی کبھی ایک روایت متعدد جگہ نقل کرتے ہیں جیسے حضرت عائشہؓ کی وہ حدیث جو حضرت بریرہؓ کے واقعہ سے متعلق ہے۔ اس کو ۲۰ مرتبہ زائد نقل کیا ہے۔

صحیح بخاری کے تراجم ابواب کی شان میں فقہاء اور محدثین کا مشہور مقولہ "فقه البخاری فی تراجم ابوابه "(بخاری کا سارا کمال ان کے تراجم ابواب میں ہے) ضرب المثل ہے۔

امام صاحب نے اپنے تراجم ابواب میں جس دقتِ نظر کا مظاہرہ فرمایا ہے، اس کو سمجھنے سے بڑے بڑے اہل علم قاصر رہے۔

صحیح بخاری کی تراجم ابواب کے مہتم بالشان ہونے کا اندازہ اس سے کیا جاسکتا ہے کہ بڑے بڑے علمائے کرام اور محدثین عظام نے تراجم ابواب پر مشتمل رسالے لکھے ہیں۔ تراجم ابواب کے متعلق مجھے جن تصنیفات کا پتہ چل سکا ہے ان کی تفصیل پیش خدمت ہے۔

۱۔ المتواری علی تراجم البخاری ---- از علامہ ناصر الدین احمد بن منیر خطیب اسکندریہ۔

۲۔ فک اغراض البخاری المبہمۃ فی الجمع بین الحدیث والرجمہ ---- از علامہ محمد بن منصور المغربی السجلماسی۔

۳۔ ترجمان التراجم -------- از علامہ ابن ابی عبد اللہ رشید البتی

۴۔ تراجم البخاری -------- از امام شاہ ولی اللہ دہلوی (م ۱۱۷۶ھ)

شرح تراجم ابواب صحیح بخاری، شاہ صاحب کا ایک جامع رسالہ ہے۔ اس رسالہ کے ابتداء میں تراجم ابواب کے متعلق چند اصول جامع اور مختصر تقریروں میں بین کئے گئے ہیں۔

پھر فرداً فرداً چار سو سے زائد تراجم پر مفصلاً لیکن نہایت ایجاز کے ساتھ بحث کی گئی ہے اور جابجا بہت سی مفید نکات درج کیے ہیں جو مصنف کے تبحر علمی پر شاہد عدل ہیں۔

یہ رسالہ دائرہ المعارف حیدر آباد دکن سے طبع ہو کر شائع ہو چکا ہے اور لکھنؤ سے تیسیر القاری شرح صحیح بخاری کے حاشیہ پر بھی شائع ہوا تھا۔

ان مستقل تصنیفات کے علاوہ صحیح بخاری کی شروح میں تراجم ابواب پر تفصیلی بحث کی جاتی ہے اور اپنی وسعت کے مطابق ہر شارح نے اپنے علم و فہم کا تموج دکھلایا ہے۔ ان میں شیخ الاسلام حافظ ابن حجر عسقلانی صاحب فتح الباری (م ۸۵۲ھ) اور علامہ عینی،

صاحب عمدۃ القاری (م ۸۵۵ھ) نے خاص حصہ لیا ہے۔علامہ ابن خلدون صحیح بخاری کے تراجم ابواب سے متعلق فرماتے ہیں:

" صحیح بخاری حدیث کی کتابوں میں سب سے بلند پایہ ہے اس لیے اہل علم اس کی شرح کو سخت مشکل کام خیال کرتے ہیں اوراس کے مقاصد تک پہنچنا بہت مشکل جانتے ہیں کیونکہ صحیح بخاری کے مقاصد تک پہنچنے کے لیے چند باتوں کا ہونا ضروری ہے۔

۱۔ ایک ہی حدیث کے اسانید متعددہ سے آگاہ ہونا۔

۲۔ ان اسانید کے رجال کا علم ہونا اس طرح کہ کون ان میں شامی ہے، کون حجازی کون عراقی؟

۳۔ ان حالات سے آگاہ ہونے کے علاوہ یہ جاننا کہ لوگ ان میں کیا اختلاف رکھتے ہیں (اورامام صاحب نے کیا فیصلہ کیا ہے؟) اس وجہ سے تراجم ابواب کے سمجھنے میں بڑی ہی دقت نظر کی ضرورت پڑتی ہے۔

امام بخاری ایک ترجمۃ الباب قائم کرتے ہیں اور اس میں ایک سند سے حدیث لاتے ہیں پھر دوسرا ترجمۃ الباب قائم کرتے ہیں اوراس میں بھی یہی حدیث دوسری سند سے لاتے ہیں اس وجہ سے کہ یہ دوسرے ترجمۃ الباب کی بھی دلیل ہے۔اس طرح یہ حدیث متعدد تراجم ابواب میں بوجہ کثرتِ معانی واختلاف مکرر ہو جاتی ہے۔

صحیح بخاری کے شروح وحواشی:

صحیح بخاری کی اہمیت ومقبولیت کی بناء پر ہر دور کے علماء نے اس پر شروع وحواشی لکھے ہیں۔

علامہ عبدالسلام مبارک پوری (م ۱۳۴۲ھ ، ۱۹۲۴ء) فرماتے ہیں:

" صحیح بخاری کے جلیل القدر اوربلند پایہ ہونے کا اندازہ اس سے بخوبی کیا

جاسکتاہے کہ سلف سے لے کر خلف تک علمائے اسلام بلاامتیاز کسی فرقہ کے، برابر اس کی خدمت میں مصروف رہے، کسی نے شرح لکھی، کسی نے صرف اس کے رجال پر توجہ کی۔ کسی نے اس کی تجرید کی۔ کسی نے اختصار، بعض اہل علم نے اس کی تعلیقات کو موصول کیا۔ اکثر اہل علم نے الفاظ غریبہ مشکلہ کے لغات لکھے۔ کسی نے نحوی مسائل کے شواہد جمع کیے۔ بعض شیوخ نے اس کے شروط پر بحث کی۔ بعض محدثین نے اس کی حدیثوں پر تنقید کی، پھر کتابیں لکھیں۔ اکثر اساتذہ فن نے حواشی و تعلیقات لکھے۔ کسی نے مستدرک لکھی، شروح میں بھی کسی نے مبسوط لکھی، کسی نے مختصر، کسی نے متوسط ،اور ہر ایک کے مقاصد اور عنوان الگ الگ، صحیح بخاری کی شروح اور جو کتابیں اس کے متعلق لکھی گی ہیں ان کا استقصاء کرنا ایک دشوار امر ہے۔"

علامہ مبارک پوری نے اپنی کتاب "سیرۃ البخاری" میں صحیح بخاری کے شروع و حواشی کی ایک فہرست دی ہے جن تفصیل اس طرح ہے۔

عربی شروح ۱۰۸

فارسی واردو ۳۷

میزان ۱۴۵

اب چند ایک مشہور عربی شروح کا مختصر تعارف پیش خدمت ہے۔

ا۔ الکواکب الدراری : ---- علامہ شمس الدین محمد بن یوسف بن علی الکرمانی م۷۸۶ھ یہ ایک مشہور اور متوسط شرح جامع فوائد وزوائد ونافع اہل علم ہے۔ پہلے اس شرح میں یہ ثابت کیا گیا ہے کہ علم حدیث افضل علم اور صحیح بخاری علم حدیث کی کتابوں میں سب اعلیٰ اور تعدیل اور ضبط کے اعتبار سے سب کتابوں پر فائق ہے۔ لائق مصنف نے اعراب نحویہ بعیدہ الفاظ مشکلہ عریب کا حل کیا ہے۔ روایات، اسماء الرجال، القاب واۃ

کو بھی خوب ضبط کیا ہے۔ احادیث سے تعارض کو اٹھایا ہے۔ ۷۷۵ھ میں مکہ معظمہ میں اس کی تالیف سے فراغت پائی۔ لیکن شیخ الاسلام حافظ ابن حجر عسقلانی (م ۸۵۱ھ) نے اپنی تصنیف درر کامنہ جلد ۴ صفحہ ۳۱۱ میں لکھا ہے کہ:

"اس میں بہت سے اوہام واقع ہوئے ہیں۔ اگرچہ شرح بہت مفید ہے"۔

یہ شرح مصر میں طبع ہوگئی ہے۔

۲۔ شواہد التوضیح:

علامہ سراج الدین عمر بن الملقن الشافعی (م ۸۰۵ھ) یہ شرح ۲۰ جلدوں میں ہے اس کے ساتھ ایک مقدمہ بھی ہے جس میں یہ بیان کیا گیا ہے کہ ہر حدیث کے مقاصد دس میں منحصر ہیں۔

علامہ سخاوی فرماتے ہیں، اس شرح میں ابن ملقن کا اعتماد زیادہ تر اپنے شیخ مغلطائی کی شرح تلویح پر ہے اور حافظ ابن حجر فرماتے ہیں کہ اس شرح کا اخیر حصہ قلیل النفع ہے۔

یہ شرح چھپی نہیں۔ مولانا عبید اللہ رحمانی مبارک پوری لکھتے ہیں کہ اس کا قلمی نسخہ کتب خانہ دار العلوم جرمنی میں دوسری جنگ عظیم تک موجود تھا۔

۳۔ فتح الباری: شیخ الاسلام ابو الفضل احمد بن علی بن حجر العسقلانی (م ۷۵۲ھ) یہ وہی شرح ہے جس کی نسبت " لاہجرة بعد الفتح " مشہور ہے۔ علامہ ابن خلدون اپنی مشہور تاریخ کے مقدمہ میں لکھتے ہیں:

"بخاری کی شرح کا دَین (قرض) امت پر باقی ہے حالانکہ علامہ موصوف کے عصر تک کتنی شرحیں ہوچکی تھیں۔ ان کا مقصود یہ تھا کہ صحیح بخاری کے وہ نکات جو فنِ حدیث اور رجال کے متعلق ہیں، یا وہ تدقیقاتِ فقہیہ جو تراجم ابواب سے تعلق رکھتے ہیں۔ ان پر آج تک کسی نے محققانہ بحث نہیں لکھی ہے۔ اس شرح کے بعد حافظ

سخاوی فرماتے ہیں کہ غالباً امت سے یہ دَین (قرض) ادا ہو گیا"۔

یہ شرح مصر اور بیروت سے کئی بار طبع ہو کر شائع ہو چکی ہے اور بر صغیر میں سب سے پہلے محی السنہ والا جاہ حضرت مولانا السید نواب صدیق حسن خان قنوجی رئیس بھوپال نے چھ سو روپے میں مصر سے خرید کر ہزاروں کی تعداد میں چھپوا کر مفت تقسیم کی۔

۴۔ عمدۃ القاری:

علامہ بدرالدین ابو محمد محمود بن احمد العینی (م ۸۵۵ھ)۔ اس شرح کے متعلق صاحبِ کشف الظنون لکھتے ہیں:

" واستمد فيه من فتح البارى بحيث ينقدمنه الورقة بكمالها وكان يستعيره من البرهان ابن الخضرباذن مصنفه له ويعقبه فى مواضع "

یعنی علامہ عینی نے اپنی شرح میں فتح الباری سے بہت کچھ مدد لی یہاں تک کہ ورق کا ورق نقل کرتے ہیں۔ برہان بن الخضر سے مصنف کی اجازت سے عاریت لیتے۔

علامہ عینی نے حافظ ابن حجر پر تعقبات بھی کیے ہیں اور جن باتوں کو حافظ ابن حجر رحمۃ اللہ علیہ نے بالقصد ترک کر دیا تھا اس میں ان کو بہت طول دیا ہے۔ بہرحال یہ ایک مفید علمی شرح ہے۔

ایک ماہر فن لکھتے ہیں:

" الاول (فتح البارى) مفيد للكملة والثانى (العينى) مفيد للطبة "

"فتح الباری غنتھیوں کے لیے مفید ہے اور عینی متبدیوں کے لیے مفید ہے۔"

اور مولانا ابو الحسنات محمد عبد الحی (م ۱۳۰۴ھ) لکھتے ہیں:

" ویفصل الاول (فتح الباری) علی الثانی (عمدۃ القاری) تحقیقا و تنقیدا و الثانی علی الاول توضیحا و تفصیلا "۔

" فتح الباری کو عینی پر بحیثیت و تنقید کے فضیلت ہے اور عینی کو اول الذکر پر بحیثیت تفصیل اور توضح مطلب کے۔"

یہ شرح دس جلدوں میں بیروت سے طبع ہو کر شائع ہو چکی ہے۔

۵۔ ارشاد الساری:

علامہ شہاب الدین احمد بن محمد الخطیب العسقلانی المصری صاحب المواہب اللدنیہ (م ۹۲۳ھ)

یہ شرح حامل متن ہے۔ شرح اور متن کا اس طرح امتزاج ہے کہ اگر حدیث کے الفاظ خطوط کے نیچے نہ ہوں تو اکثر مقامات پر متن اور شرح کا امتیاز مشکل ہو جاتا ہے۔ مشکلات کو حل کیا ہے، مہملات کو مقید کیا ہے، مبہات کو واضح، اور جو الفاظ مشکلہ مکرر آئے ہیں ان کی شرح بھی ویسے ہی مکرر دی ہے۔ اس وجہ سے صحیح بخاری کا درس دینے والوں کو اس شرح کا سامنے رکھنا بہت آسانی بخشتا ہے۔ کوئی دقت باقی نہیں رہتی۔ مکروسہ کرز ایک ہی لفظ کی شرح چلی آرہی ہے۔ خود مصنف کا قول ہے:

" ولم اتحاش من الاعادة فی الافادة عندالحاجة الی البیان "

یہ شرح بڑی بڑی شروح کی تلخیص ہے۔ بالخصوص فتح الباری تو اس کا اصل میں ماخذ ہے۔ اس شرح میں پہلے ایک مقدمہ لکھا گیا ہے جس میں کئی فصلیں ہیں۔

۱۔ فضیلت علمِ حدیث۔

۲۔ جن لوگوں نے فنِ حدیث کو پہلے جمع کیا اور جو ان کے بعد آئے۔

۳۔ اصول حدیث۔

۴۔ صحیح بخاری کے شروط اور ترجیح۔

۵۔ امام صاحب کے سوانح حیات ------- یہ شرح مصر اور بیروت سے طبع

ہو کر شائع ہو چکی ہے۔

برصغیر پاک وہند میں صحیح بخاری کے شروح وحواشی:

جیسا کہ آپ اوپر پڑھ آئے ہیں کہ صحیح بخاری کے شروح وحواشی کے سلسلہ میں علمائے کرام نے کارہائے نمایاں سرانجام دیے ہیں اور مولانا عبد السلام مبارکپوری کی تحریر کے مطابق علمائے اسلام نے کئی ایک طریقوں سے صحیح بخاری کی خدمت کی ہے۔ اگر اس کا تفصیل سے جائزہ لیا جائے تو یہ مضمون بہت طویل ہو جائے گا۔

برصغیر پاک وہند میں صحیح بخاری کے جو شروح اور حواشی لکھے گئے ہیں ان میں جہاں تک مجھے رسائی ہو سکی ہے ان کا مختصراً تذکرہ پیش خدمت ہے۔

۱۔ فیض الباری (عربی)

علامہ سید عبد الاول جون پوری (م ۹۶۷ھ)

۲۔ نور القاری (عربی)

شیخ نور الدین الاحمد آبادی (م ۱۱۵۵ھ)

ان دونوں شرحوں کا ذکر محی السنۃ السید مولانا نواب صدیق حسن خان قنوجی رئیس بھوپال (م ۱۳۰۷ھ) نے اپنی مایہ ناز تصنیف "اتحاف النبلاء" میں کیا ہے۔

۳۔ حل صحیح بخاری یعنی نسخہ عتیقہ صحیحہ مع حل مشکلات وحواشی وجمیع نسخ (عربی)

من خزانۃ الکتب شیخ الکل شمس العلماء مولانا السید محمد نذیر حسین محدث دہلوی رحمۃ اللہ علیہ (م ۱۳۲۰ھ)

یہ نسخہ بہت عتیق، نہایت واضح خوشخط ہے۔ مع جمیع نسخ وحل مشکلات حواشی، ورق کلاں پر ۳۰ ضخیم جلدوں میں ختم ہوا۔ اس نسخہ کی صورت اس کی قدامت کی دلیل روشن ہے۔ یہ وہ نسخہ ہے جو بڑے بڑے اساتذہ اور شیوخ کے درس وتدریس میں

رہا۔ اور ہر زمانہ میں بڑے بڑے افاضل نے اس پر حواشی و نکات چڑہائی۔ حضرت شیخ الکل مرحوم و مغفور نے بھی اس پر حواشی لکھے۔

۴۔ حل صحیح بخاری:

مولانا احمد علی محدث سہارن پوری (م۱۲۹۸ھ)

آج کل عربی مدارس میں جو بخاری شریف پڑھائی جاتی ہے۔ اس پر مولانا احمد علی سہارن پوری کا ہی حاشیہ ہے۔ یہ حاشیہ بہت علمی، تحقیقی اور مولا احمد علی کے تبحر علمی کا ثبوت ہے۔ مولانا احمد علی نے اس حاشیہ کا ایک مقدمہ بھی لکھا ہے۔ اس مقدمہ میں فن حدیث کے اصول کے علاوہ صحیح بخاری کے متعلق بہت سی مفید باتیں لکھی ہیں۔ یہ مقدمہ تمام تر مقدمہ فتح الباری اور مقدمہ قسطلانی سے ماخوذ ہے۔ اور بعض مضامین امام شاہ ولی اللہ دہلوی رحمۃ اللہ علیہ (م۱۱۷۶ھ) کے رسالہ "تراجم ابواب بخاری" سے بھی ماخوذ ہیں۔

۵۔ حل صحیح بخاری:

از مرزا حیرت دہلوی

متن مولانا احمد علی سہارن پوری کا رکھا ہے۔ لیکن صحیح بخاری کے حل میں قسطلانی اور فتح الباری سے کچھ زیادہ مدد لی ہے۔ صحت و صفائی کے اعتبار سے بھی اچھی ہے۔ حل لغات عیلحدہ دیا ہے۔ لیکن بین السطور کے حواشی نکال دیے ہیں۔ اس سے حل مشکلات میں کمی ہوگئی ہے۔

۶۔ عون الباری لحل ادلۃ البخاری (عربی)

محی السنۃ حضرت مولانا السید نواب صدیق حسن خان قنوجی رئیس بھوپال (م۱۳۰۷ھ)

علامہ زبیدی نے الجامع الصحیح کو جو تحریر کی تھی اس کی یہ شرح ہے۔ جو دو جلدوں

میں ہے۔ عون الباری نیل الاوطار فی شرح المنتقی الاخبار کے حاشیہ پر طبع ہو کر شائع ہوئی ہے۔

۷۔ فیض الباری (عربی)

از مولانا سید محمد انور شاہ محدث کشمیری دیوبندی (م ۱۳۵۲ھ)

حضرت شاہ صاحب مرحوم کے صحیح بخاری کے متعلق افادات مولانا سید رعالم میر ٹھی (م ۱۳۸۵ھ) نے، جو آپ کے تلمیذ رشید تھے، بوقت درس جمع کئے۔ فیض الباری ۴ جلدوں میں مصر سے طبع ہو کر شائع ہو چکی ہے۔

۸۔ نبراس الساری فی اطراف البخاری (عربی)

از مولانا عبد العزیز دیوبندی گوجرانوالا (م ۱۳۵۹ھ)

اس کتاب میں مصنف نے صحیح بخاری کی احادیث کے اطراف جمع کیے ہیں۔ ایک ایک حدیث کے متعلق بتایا ہے کہ وہ کس کس باب میں مختصر یا مطول آئی ہے اور فتح الباری اور عمدۃ القاری کے ۲ صفحات بھی ذکر کیے ہیں۔ یہ کتاب کیتھو پر شائع ہوئی ہے۔ مصنف نے خود اس کتاب کو کتابت کی ہے۔

۹۔ حل صحیح بخاری (عربی)

از مولانا ابو الطیب محمد عطاء اللہ حنیف بھوجیانی مدظلہ محشی سنن نسائی، مدیر ہفت روزہ "الاعتصام" لاہور

مولانا محمد عطاء اللہ حنیف بھوجیانی جماعت اہل حدیث کے ممتاز عالمِ دین ہیں تعلیقات وحواشی مینں اپنا جواب نہیں رکھتے۔ حیات امام ابو حنیفہ، حیات امام احمد بن حنبل رحمۃ اللہ علیہ اور حیات امام ابن تیمیہ از پروفیسر ابوزہرہ سابق پروفیسر فواد یونیورسٹی مصر پر آپ کے حواشی اور تعلیقات شائع ہو چکی ہیں.........

ان کے علاوہ سنن نسائی پر بھی آپ کے تعلیقات وحواشی شائع ہو چکے ہیں۔ان حواشی سے آپ کے تبحر علمی کا پتہ چلتا ہے۔اب آپ صحیح بخاری پر حاشیہ لکھ رہے ہیں۔جو کہ تقریباً نصف تک پہنچ چکا ہے۔یہ حاشیہ آپ کے تبحر علمی کا ایک بہت بڑا شاہکار ہے۔اگر یہ حاشیہ چھپ گیا۔تو علمی دنیا میں ایک سنگِ میل کی حیثیت اختیار کرے گا۔

۱۰۔تیسیر القاری (فارسی)

علامہ نورالحق بن مولانا عبدالحق محدث دہلوی (م ۱۰۷۳ھ)

علامہ نورالحق نے ۶ جلدوں میں تیسیر القاری کے نام سے فارسی میں صحیح بخاری کی شرح لکھی۔اوراس شرح کو مغل بادشاہ اورنگ زیب عالمگیر کے نام سے منسوب کیا۔یہ شرح ۱۲۹۸ھ میں مطبع علوی محمد حسن خاں لکھنؤ سے بحکم نواب ٹونک طبع ہو کر شائع ہوئی تھی۔

۱۱۔تیسیر الباری (اردو)

ازنواب وقارنواز جنگ علامہ وحیدالزمان حید آبادی (م ۱۳۳۸ھ)

اردو زبان میں صحیح بخاری کی یہ سب سے بڑی شرح ہے۔ہر حدیث کے مقابل مطلب خیز بامحاورہ ترجمہ میں مطالب کتاب کواس طرح بیان کیا گیا ہے کہ ترجمہ، ترجمہ معلوم نہیں ہوتا اور حدیث کا مطلب خوب ذہن نشین ہو جاتا ہے۔ساتھ ہی ہر حدیث کی شرح بھی معتبر شروح مثلاً فتح الباری، کرمانی، عینی اور قسطلانی وغیرہ سے مرتب کر کے لکھی گئی ہے اور مذہب مجتہدین بھی ہر مسئلہ میں بیان کر دیئے گئے ہیں۔

مولانا وحیدالزمان نے شروح میں ایک مقدمہ بھی لکھا ہے جس میں سلسلہ سند امام بخاری تک دس طریقوں سے ملایا ہے۔

تیسیر الباری لاہوراور دہلی سے شائع ہوئی تھی پھر نایات ہوگئی۔۱۳۹۸ھ میں امجد

اکیڈیمی لاہو نے اسے دوبارہ بڑی آب وتاب سے ۶ جلدوں میں شائع کیا ہے۔

۱۲۔ فضل الباری (اردو) شرح صحیح بخاری

مولانا شبیر احمد عثمانی (م ۱۳۶۹ ھ) علامہ شبیر احمد عثمانی کے افادات ،تربیت ومراجعت مولانا قاضی عبد الرحمن فاضل دیو بند

اب تک اس کی دو جلدیں ادارہ علوم شرعیہ کراچی کے زیر اہتمام شائع ہوچکی ہیں۔ بہت مفید اور علمی شرح ہے۔

۱۳۔ نصرۃ الباری (اردو) ترجم صحیح بخاری

مولانا عبد الاول غزنوی (م۱۳۱۳ھ)

۱۴۔ فیض الباری ترجمہ صحیح بخاری مکمل (اردو)

مولانا حافظ محمد ابو الحسن سیالکوٹی (م۱۳۲۵ھ)

۱۵۔ ترجمہ صحیح بخاری (اردو)

مولانا عبد التواب محدث ملتانی (م۱۳۶۶ھ)

۱۶۔ نصرۃ الباری (اردو) شرح صحیح بخاری

مولانا حافظ عبد الستار دہلوی (م۱۹۶۶ھ)

یہ ایک علمی شرح ہے۔اس وقت اس کے ۱۳ پارے کراچی سے شائع ہوچکے ہیں۔ باقی زیر طبع ہیں۔

۱۷۔ فضل الباری:

یہ شرح اردو میں ہے۔ مترجم کا نام معلوم نہیں ہوسکا۔ مولانا عبد السلام مبارکپوری رحمۃ اللہ علیہ اس شرح کے متعلق لکھتے ہیں:

" صحیح بخاری کا یہ ترجمہ صرف ترجمہ نہیں ہے بلکہ ایک طویل شرح ہے۔ لاہور

سے طبع ہو کر شائع ہوا۔

۱۸۔ شرح بخاری شریف (اردو)

مولانا محمد داؤد راز (م ۱۴۰۲ھ) مدیر ماہنامہ "نورالایمان" دہلی

مولانا محمد داؤد صاحب راز جماعت اہل حدیث کے ممتاز عالم تھے، صاحب تصانیف کثیرہ تھے۔ آپ نے شیخ الاسلام مولانا ثناء اللہ امرتسری مرحوم و مغفور کے ۴۴ سالہ فتاویٰ کو بھی مرتب کر کے شائع کیا۔ آپ نے بخاری شریف کا ترجمہ اور شرح لکھی ہے۔ اور اس کو دہلی سے شائع کیا۔ یہ شرح بہت علمی اور فوائد کثیرہ پر مشتمل ہے۔

(۲) امام بخاری بحیثیت فقیہ

عبد اللہ زائد

خالق ارض وسماء نے کائنات رنگ وبو میں مختلف خاصتیوں کے حامل انسان پیدا کیے ہیں اور ان میں مختلف درجات وطبقات کا سلسلہ قائم کر دیا۔ ان میں سب سے اعلیٰ درجہ انبیاء کرام علیہ السلام کو عطا کیا اور ان میں امام الانبیاء علیہ السلام اورافضل الانبیاء علیہ السلام کے مقام پر ہمارے آقا ومولیٰ خاتم النبیین حضرت محمد رسول اللہ صلی اللہ علیہ وسلم کو فائز کیا۔ آپ صلی اللہ علیہ وسلم کے بعد تقویٰ وتورع کے لحاظ سے آپ کے صحابہ کرام رضوان اللہ عنھم اجمعین کا مرتبہ اس کائنات میں سب سے بڑھ کر ہے۔ ان کے بعد محدثین عظام اور علماء کرام کا مرتبہ ہے۔ جنھوں نے اپنے آپ کو دین حق کی ترویج واشاعت کے لئے وقف کردیا اور وہ "إن العلماء ورثة الأنبياء عليه السلام" کے معیار پر پورے اترے۔

ان محدثین عظام اور علماء کرام کے گروہ میں بھی مختلف اوصاف کی بناء پر درجہ بندی ہے۔ ان میں سے بعض نے اپنے حافظے کے اعلیٰ درجہ پر فائز ہونے کے سبب دین حق کے منبع علم یعنی قرآن وحدیث کو مکمل طور پر دوسروں تک پہنچانے کی انتہائی کوشش کی اور مسائل کے استنباط اوراجتہاد کی بہترین اہلیت وصلاحیت کے ساتھ امت مسلمہ کو فہم دین سے سرفراز کیا تاہم عدم فرصت کے سبب وہ تصنیف وتالیف کا کوئی کام نہ کرسکے۔

اور انہیں میں سے بعض ائمہ حدیث نے اپنے اعلیٰ درجہ کے حفظ وضبط کے ساتھ

دروس و تدریس کا کام بھی کیا اور اس کے ساتھ ساتھ تصنیف و تالیف کے میدان میں بھی گراں قدر سرمایہ علم چھوڑ گئے جن کے مطالعہ سے ان کی اعلیٰ درجے کی فقاہت واجتہاد سے امت مسلمہ مستفید ہو رہی ہے پھر اس گروہ کے سرخیل کی حیثیت سے امام المحدثین والمجتہدین کے لقب سے ملقب محمد بن اسماعیل البخاری اس میدان میں جلوہ فروز ہوئے۔ جنھوں نے اپنی سولہ سال کی محنت شاقہ سے الجامع الصحیح لکھ کر امت مسلمہ پر ایک احسان عظیم کیا۔ جزاه الله عنا وعن المسلمين خير الجزاء

آپ نے اس کی تکمیل المسجد الحرام اور المسجد النبوی میں بیٹھ کر کی اور تکمیل کے بعد اسے اس دور کے معروف محدثین امام احمد بن حنبل رحمۃ اللہ علیہ اور یحییٰ بن معین اور علی بن المدینی وغیرھم کے سامنے پیش کیا تو انہوں نے اس کی تعریف وتوصیف کی۔

فاستحسنوه وشهدوا له بالصحة إلا أربعة أحاديث.

اس کی تحسین کی اور اس کی صحت کی، سوائے چار احادیث کے، شہادت دی مگر امام العقیلی کہتے ہیں کہ ان میں بخاری رحمۃ اللہ علیہ کا قول صحیح ہے کہ یہ احادیث بھی صحیح ہیں۔ امام بخاری رحمۃ اللہ علیہ ہمہ جہت شخصیت تھے۔ تقویٰ وتورع میں سب سے بڑھ کر اعلیٰ مرتبے پر فائز تھے۔ انہوں نے اپنی یہ کتاب لکھ کر جہاں امت پر ایک عظیم احسان کیا ہے، وہاں ان کی علمی ودینی ضرورت کو بھی پورا کیا ہے۔ یہ کتاب محض احادیث کا مجموعہ ہی نہیں بلکہ فنی اعتبار سے فقاہت واجتہاد کے میدان میں یہ اعلیٰ درجے کی تصنیف ہے۔ فقاہت یا فقہ کے لغوی معنی سمجھ بوجھ کے ہیں اور اصطلاح میں اس کا مطلب ہے دین حق کی باتوں کی پوری سمجھ بوجھ رکھنا اور وقت کے لحاظ سے درپیش مسائل کا حل قرآن وحدیث کی روشنی میں تلاش کر کے امت کے سامنے پیش کرنا۔

چنانچہ امام ترمذی رحمۃ اللہ علیہ کا قول ہے:

"لم أر أحدا بالعراق ولا بخراسان في معنى العلل والتاريخ ومعرفة الأسانيد كبير أحد أعلى من محمد بن إسماعيل

انتھی"

"میں نے عراق اور خراسان میں علل الحدیث، تاریخ حدیث اور معرفت اسانید میں محمد بن اسماعیل سے بڑھ کر عالم نہیں دیکھا۔

مسجد حرام میں بیٹھ کر امام صاحب نے اس کتاب کو جمع کیا اور لکھا جبکہ مسجد نبوی صلی اللہ علیہ وسلم میں آپ نے اس کی تبویب کی (ھدی الساری)

ابراہیم الخواص کہتے ہیں:

" رأيت أبا زرعة كالصبي جالسا بين يدي محمد بن إسماعيل ، يسأله عن علل الحديث .

میں نے ابوزرعہ کو دیکھا ہے کہ وہ امام بخاری رحمۃ اللہ علیہ کے سامنے بچوں کی طرح بیٹھے علل الحدیث کے بارے میں پوچھ رہے تھے۔ عمرو بن زرارۃ اور محمد بن رافع امام بخاری رحمۃ اللہ علیہ کے پاس علل حدیث کے متعلق سوالات کر رہے تھے جب دونوں وہاں سے اٹھے تو انہوں نے حاضرین سے کہا:

"لا تُخدَعُوا عن أبي عبد الله؛ فإنه أفقه منا وأعلم وأبصر".

تم ابو عبداللہ کے بارے میں دھوکے میں نہ رہنا کیونکہ وہ ہم سب سے زیادہ فقیہ، عالم اور صاحب بصیرت ہیں۔

امام بخاری رحمۃ اللہ علیہ کے استاد امام اسحاق بن راھویہ فرماتے ہیں۔

"اے اصحاب الحدیث کی جماعت تم اس نوجوان (البخاری) کو دیکھو اور اس سے لکھو، اگر وہ حسن بن ابی حسن بصری رحمۃ اللہ علیہ کے زمانے میں ہوتے تو وہ ان کی معرفت حدیث اور فقاہت کی وجہ سے ان کے محتاج ہوتے"

"خراسان نے تین آدمی پیدا کیے ہیں، ابوزرعہ رازی (لفظ مٹا ہوا ہے) ہیں محمد بن اسماعیل البخاری، بخارا میں اور عبداللہ بن عبدالرحمان (سمرقند) میں لیکن میرے نزدیک ان میں محمد بن اسماعیل، سب سے زیادہ عالم، فقیہ اور صاحب بصیرت ہیں۔

یعقوب بن ابراہیم الدورقی اور نعیم بن حماد خزاعی کہتے ہیں:

محمد بن اسماعیل فقیہ ہذہ الامۃ (اس امت کے فقیہ محمد بن اسماعیل ہیں)

حافظ سلیم بن مجاہد فرماتے ہیں:

"ما رأيت بعينى منذ ستين سنةٍ أفقه، ولا أورع، ولا أزهد فى الدنيا من محمد ابن إسماعيل."

میں نے ساٹھ سال میں اپنی آنکھوں سے محمد بن اسماعیل البخاری سے زیادہ فقیہ، زیادہ متورع اور زیادہ پرہیز گار نہیں دیکھا۔

" ولهذا اشتهر من قول جمع من الفضلاء فقه البخاري في تراجمه"

"فاضل لوگوں کی ایک جماعت کا قول مشہور ہے۔ بخاری کی فقہ اس کے تراجم (ابواب) میں ہے۔

محمد بن بشار (جو بندار کے لقب سے مشہور ہیں) فرماتے ہیں:

"محمد بن إسماعيل أفقه خلق الله في زماننا"

"محمد بن اسماعیل البخاری، ہمارے زمانے میں تمام مخلوق سے زیادہ فقیہ ہیں"

حاشد بن اسماعیل کہتے ہیں میں بصرہ میں موجود تھا کہ محمد بن اسماعیل بخاری کی آمد کی خبر پہنچی تو محمد بن بشار نے سن کر فرمایا:

"قدم اليوم سيد الفقهاء"

"یعنی آج فقہاء کے سردار تشریف لائے ہیں"

امام بخاری رحمۃ اللہ علیہ نے نہایت محنت اور عرق ریزی سے احادیث سے استنباط احکام و مسائل کا کام کیا۔ کیونکہ محدثین عظام محض احادیث کو اکھٹا کرنے والے یا جامع الروایات ہی نہ تھے بلکہ رسول اللہ صلی اللہ علیہ وسلم اور صحابہ کرام رضوان اللہ عنھم اجمعین کی طرح اجتہاد و فقاہت سے مسائل کا حل تلاش کر کے امت کے لئے آسانی پیدا کرتے تھے۔

نبی اکرم صلی اللہ علیہ وسلم سے کئی مواقع پر قرآنی وحی کے علاوہ اجتہاد کے واقعات روایات میں ملتے جلتے ہیں جیسا کہ امام بخاری رحمۃ اللہ علیہ نے حضرت عبد اللہ بن عباس رضی اللہ تعالیٰ عنہ سے روایت کی ہے کہ جہنیہ قبیلے کی ایک عورت نبی اکرم صلی اللہ علیہ وسلم کے پاس آئی اور کہنے لگی یارسول اللہ صلی اللہ علیہ وسلم میری ماں نے حج کی نذر مانی تھی مگر وہ اسے پورا کیے بغیر فوت ہوگئی تو کیا میں اس کی طرف سے حج کر سکتی ہوں، آپ صلی اللہ علیہ وسلم نے فرمایا، ہاں۔ تو اس کی طرف سے حج کرلے، اور اس کی دلیل دیتے ہوئے آپ صلی اللہ علیہ وسلم نے فرمایا: اگر تمہاری ماں کے ذمہ کوئی قرض ہوتا تو تم ہی اسے ادا کرتی۔

غور فرمایئے۔ نبی اکرم صلی اللہ علیہ وسلم کا یہ جواب قیاس پر مبنی ہے کیونکہ آپ نے قرض پر حج کو قیاس فرمایا۔ پس یہی قیاس ہی اجتہاد ہے۔

اسی طرح امام صاحب نے حضرت عبد اللہ بن عباس رضی اللہ تعالیٰ عنہ سے ایک اور روایت بیان کی ہے کہ آپ نے فتح مکہ کے روز فرمایا کہ اللہ تعالیٰ نے مکہ کی حُرمت، عزت واحترام فرض قرار دی ہے اور مجھ سے پہلے یا بعد کسی کے لیے بھی اس کی حرمت کے خلاف کسی کام کی اجازت نہیں دی لیکن میرے لئے ایک دن کے کچھ وقت کے لئے اس کی حرمت کو حلت میں تبدیل کردیا (یعنی فتح جنگ کے روز جنگ کا دورانیہ) لہذا نہ اس کے جنگل میں سے کچھ اکھاڑا جائے نہ اس کا کوئی درخت کاٹا جائے اور نہ اس کے کسی شکار کو ڈرایا (پکڑا) جائے اور نہ اس کی گری ہوئی چیز کو اٹھایا جائے سوائے اس شخص کے جو اس چیز کے مالک کو اس کی خبر دینے والا ہو۔

حضرت عباس رضی اللہ تعالیٰ عنہ عرض کرتے ہیں، یارسول اللہ صلی اللہ علیہ وسلم اذخر کے سوا (یعنی اذخر کاٹنے کی اجازت دے دیجئے، جو ایک خوشبودار گھاس ہے) کیونکہ

یہ ہمارے گھروں اور دوسرے کاموں کے لئے استعمال ہوتی ہے۔ تو آپ صلی اللہ علیہ وسلم نے فرمایاہاں اس کو مستثنیٰ قرار دیا جاتا ہے۔

دیکھئے، آپ صلی اللہ علیہ وسلم نے وحی کے نزول کے بغیر اذخر کاٹنے کی اجازت مرحمت فرمادی۔ بس یہی آپ کا اجتہاد ہے۔ اسی طرح نبی اکرم صلی اللہ علیہ وسلم نے صحابہ کرام رضوان اللہ عنہم اجمعین کو بوقت ضرورت اجتہاد کی اجازت وترغیب دی تھی۔

جیسا کہ معاذ بن جبل رضی اللہ تعالیٰ عنہ کی روایت ہے کہ آپ نے جب انہیں یمن کا عامل مقرر کیا تو ان سے دریافت فرمایا کہ اے معاذ تم فیصلے کس طرح کروگے؟ انہوں نے کہا کہ اولاً میں اللہ تعالیٰ کی کتاب (قرآن پاک) کو پیش نظر رکھوں گا پھر حدیث نبوی سے رہنمائی لوں گا اور اگر دونوں میں مجھے وضاحت نہ مل سکی تو ان دونوں کی روشنی میں قیاس (اجتہاد) کروں گا۔

نبی اکرم صلی اللہ علیہ وسلم کے بعد خلفاء راشدین خصوصاً حضرت ابو بکر صدیق رضی اللہ تعالیٰ عنہ اور عمر رضی اللہ تعالیٰ عنہ نے بھی آپ کے فرمان:

تَرَكْتُ فِيكُمْ أَمْرَيْنِ لَنْ تَضِلُّوا مَا تَمَسَّكْتُمْ بِهِمَا كِتَابَ اللَّهِ وَسُنَّةَ نَبِيِّهِ "

"میں تم میں جو چھوڑے جارہاہوں اگر تم نے اسے مضبوطی سے تھامے رکھا تو کبھی گمراہ نہ ہوگے یعنی اللہ کی کتاب اور میری سنت" کے مطابق انھیں اصولوں کو مدنظر رکھ کر اجتہادی فیصلے کرنا۔

محدثین عظام رحمہم اللہ نے بھی اسی طرح ان اصولوں کے پیش نظر اجتہاد کیا، صحیح بخاری کے مطالعہ سے یہ بات ثابت ہوتی ہے کہ امام بخاری رحمۃ اللہ علیہ بہت بڑے فقیہ ومجتہد تھے۔ ان کے نام کے ساتھ مالکی یا حنبلی یا شافعی کی نسبت محض اس لیے ہے کہ یہ

سب حضرات امام بخاری رحمۃ اللہ علیہ کے اساتذہ میں سے تھے۔

ابوزید المروزی نے خواب میں دیکھا کہ نبی اکرم صلی اللہ علیہ وسلم انھیں فرمارہے ہیں:

مالك اشتغلت بفقه محمد بن إدريس وتركت كتابي؟

تجھے کیا ہوا کہ تو نے میری کتاب چھوڑ رکھی ہے اور محمد بن ادریس کی فقہ میں مشغول ہو گیا ہے۔

اس نے دریافت کیا کہ رسول اللہ صلی اللہ علیہ وسلم آپ کی کون سی کتاب ہے؟تو آپ صلی اللہ علیہ وسلم نے فرمایا" صحیح بخاری"

امام بخاری رحمۃ اللہ علیہ کسی خاص مذہب کے پیروکار نہ تھے کیونکہ آجکل کے اصطلاحی معنی میں مذہب موجود نہ تھے جیسا کہ شاہ ولی اللہ محدث دہلوی فرماتے ہیں:

"چوتھی صدی ہجری سے قبل لوگ کسی خاص ایک مذہب کی تقلید خالص پر اکھٹے نہیں ہوتے تھے"(۱)

اس لیے امام صاحب احادیث سے احکام ومسائل کا استنباط کرتے ہیں۔ خواہ وہ کسی مذہب اور کسی رائے کے خلاف ہو، وہ اس طرح کہ کسی ایک مسئلہ کے حل کے لئے باب کے نام سے ایک عنوان تجویز کرتے ہیں۔ پھر اس کی وضاحت میں صحابہ کرام رضوان اللہ عنھم اجمعین اور تابعین کے اقوال بیان فرماتے ہیں یا فقہاء صحابہ اور تابعین رحمۃ اللہ علیہ کی رائے بیان کرتے ہیں۔ پھر حدیث سے اس کی تائید کرتے ہیں تاکہ مسئلے کی اصل صورت لوگوں کے سامنے آجائے اور مختلف اہل علم فقہاء کی رائے بھی معلوم ہو جائے جیسے کتاب الوضوء میں باب "لایجوز الوضوء بالنبیذ ولا المسکر میں فرماتے ہیں:

" وكرهه الحسن وأبو العالية وقال عطاء التيمم أحب إلي من الوضوء بالنبيذ واللبن"

حضرت حسن بصری رحمۃ اللہ علیہ اور ابوالعالیہ نے نبیذ اور شراب وغیرہ سے وضوء

کو مکروہ سمجھا ہے جبکہ حضرت عطاء فرماتے ہیں۔ نبیذ یا دودھ سے وضوء کرنے کی نسبت تیمم کرنا مجھے زیادہ پسند ہے۔

پھر اس کے بعد امام صاحب حدیث رسول (كُلُّ شَرَابٍ أَسْكَرَ، فَهُوَ حَرَامٌ) بیان کرکے، صاف پانی کے علاوہ کسی اور چیز کے ساتھ وضوء کے عدم جواز کا نتیجہ نکالتے ہیں۔(۲)

چنانچہ صاحب فیض الباری نے بھی اس عدم جواز پر اجماع ثابت کیا ہے اور امام ابو حنیفہ رحمۃ اللہ علیہ اور امام طحاوی کا اس میں رجوع ثابت کیا ہے۔(۳) اسی طرح کتاب الذبائح والصید میں باب "صید المعراض" میں حضرت عبداللہ بن عمر، سالم ، القاسم، مجاہد، ابراہیم اور حسن بصری رحمۃ اللہ علیہ رحمھم اللہ کے اقوال نقل کیے ہیں پھر عدی بن حاتم سے حدیث رسول بیان کرتے ہیں:

"فَقَالَ إِذَا أَصَبْتَ بِحَدِّهِ فَكُلْ فَإِذَا أَصَابَ بِعَرْضِهِ فَقَتَلَ فَإِنَّهُ وَقِيذٌ فَلاَ تَأْكُلْ "(۴)

بیان کرکے ان فقہاء کے اقوال کی تائید کی ہے۔ بعض اوقات امام صاحب کسی ایک حدیث کو مکرر بیان کرکے اپنی فقاہت کی ایک اور دلیل مہیا کرتے ہیں کیونکہ تکرار حدیث سے ان کا مقصد مزید کسی مسئلے کا استنباط کرنا ہوتا ہے اور یہ امام صاحب کی ایسی خوبی ہے جس میں دوسرا کوئی شریک نہیں۔

جیسا کہ باب "رثاء النبی صلی اللہ علیہ وسلم سعد بن خولۃ" میں حضرت سعد بن ابی وقاص رضی اللہ تعالیٰ عنہ سے ایک لمبی حدیث بیان کی ہے جس میں ہے۔

" جاءني رسول الله -صلى الله عليه وسلم- يعودني عام حجة الوداع من وجع اشتد بي،..... لكن البائس سعد بن

خولة يرثي له رسول الله صلى الله عليه وسلم أن مات بمكة "(۵)

باب کے عنوان کے مطابق تو اس حدیث سے یہ مفہوم واضح ہوتا ہے کہ آنحضرت صلی اللہ علیہ وسلم نے حضرت سعد رضی اللہ تعالیٰ عنہ کی وفات پر اظہار افسوس کیا مگر امام صاحب کے اجتہاد وفقاہت کا اندازہ اس بات سے لگایا جاسکتا ہے کہ انہوں نے مختلف ابواب بنا کر حضرت سعد کی اس حدیث سے کئی اور مسائل ثابت کیے ہیں۔ جیسے۔

۱۔ باب ما جاء إن الأعمال بالنية والحسبة ولكل امرئ ما نوى فدخل فيه الإيمان والوضوء والصلاة والزكاة والحج والصوم والأحكام وقال الله تعالى ((قُلْ كُلّ يَعْمَل عَلَى شَاكِلَته)) على نيته نفقة الرجل على أهله يحتسبها صدقة (٦)

اس عنوان کے تحت اسی حدیث سے امام صاحب نے یہ ثابت کیا ہے کہ اگر کسی شوہر نے اپنی بیوی بچوں کو اپنے رزق حلال سے ایک لقمہ بھی ثواب کی نیت سے کھلایا تو یہ صدقہ ہے اور اس کا اجر اللہ تعالیٰ سے پائے گا۔

۲۔ باب أن يترك ورثته أغنياء خير من أن يتكففوا الناس (۷) میں حدیث لا کر یہ ثابت کیا ہے کہ اگر والدین اپنے ورثاء کو اپنے پیچھے مالدار چھوڑیں گے کہ وہ لوگوں کے محتاج نہ ہوں تو یہ بھی صدقہ ہے اور اللہ تعالیٰ سے اس کا اجر ملے گا۔

۳۔ باب فضل النفقة على الأهل (۸) ایک نئے عنوان سے اہل وعیال پر خرچ کرنے کی فضیلت بیان کی ہے۔

۴۔ باب وضع اليد على المريض (۹) میں مریض پر شفقت سے ہاتھ

رکھ کر دعائے صحت کا ثبوت دیا ہے۔ جیسا کہ آپ نے حضرت سعد کی پیشانی پر ہاتھ رکھ کر فرمایا" اللَّهُمَّ اشْفِ سَعْدًا "

۵۔باب ما رخص للمريض أن يقول إني وجع أو وارأساه أو اشتد بي الوجع (۱۰) میں یہ ثابت کیا ہے کہ مریض اپنی تکلف کا اظہار کر سکتا ہے۔

۶۔باب الدعاء برفع الوباء والوجع (۱۱) میں مریض کے لئے دعا کا ثبوت دیا ہے۔

۷۔باب میراث البنات (۱۲) میں بیٹیوں کے لئے میراث میں حصہ ثابت کیا ہے۔

اسی طرح امام بخاری رحمۃ اللہ علیہ نے" باب عظة الإمام النساء وتعليمهن "میں حضرت عبداللہ بن عباس رضی اللہ تعالیٰ عنہ کی یہ روایت بیان کی ہے:

"أَنَّ رَسُولَ اللَّهِ صَلَّى اللَّهُ عَلَيْهِ وَسَلَّمَ خَرَجَ وَمَعَهُ بِلَالٌ فَظَنَّ أَنَّهُ لَمْ يُسْمِعْ فَوَعَظَهُنَّ وَأَمَرَهُنَّ بِالصَّدَقَةِ فَجَعَلَتْ الْمَرْأَةُ تُلْقِي الْقُرْطَ وَالْخَاتَمَ وَبِلَالٌ يَأْخُذُ فِي طَرَفِ ثَوْبِهِ" (۱۳)

نبی اکرم صلی اللہ علیہ وسلم (نماز عید) کے لئے نکلے اور آپ صلی اللہ علیہ وسلم کے ساتھ حضرت بلال رضی اللہ تعالیٰ عنہ تھے۔ آپ نے سمجھا کہ عورتوں نے آپ کا وعظ نہیں سنا اس لئے آپ صلی اللہ علیہ وسلم عورتوں کے پاس آئے اور انھیں وعظ فرمایا اور صدقہ کا حکم دیا تو عورتیں صدقہ میں اپنی بالیاں اور انگوٹھیاں دینے لگیں اور حضرت بلال رضی اللہ تعالیٰ عنہ انہیں اپنے کپڑے میں ڈالنے لگے۔

چنانچہ امام صاحب رحمۃ اللہ علیہ نے حضرت ابن عباس رضی اللہ تعالیٰ عنہ کی یہ

حدیث مختلف ابواب میں بیان کرکے کئی دوسرے مختلف مسائل بھی ثابت کیے ہیں۔ جیسے

۱۔باب وضوء الصبيان ومتى يجب عليهم الغسل والطهور وحضورهم الجماعة والعيدين والجنائز وصفوفهم (۱۴)

"بچوں کے وضو کا بیان اور یہ کہ ان پر عمل اور پاکیزگی کب واجب ہوتی ہے۔ ان کا جماعت، عیدین، جنازہ اور صفوں میں شامل ہونے کا بیان) اس باب میں امام صاحب نے حضرت ابن عباس رضی اللہ تعالیٰ عنہ کی دو حدیثیں بیان کرکے مذکورہ بالا تمام مسائل کا ثبوت مہیا کیا ہے۔

۲۔باب الخطبة بعد العيد(۱۵)اس عنوان سے مذکورہ حدیث کے ذریعے یہ ثابت کیا گیا ہے کہ مصلی کی پہچان کے لئے کسی دیوار کا بنانا یا پتھر یا کسی اور چیز کا نصب کر دینا جائز ہے۔

۳۔باب العلم بالمصلي(۱۶)اس عنوان سے مذکورہ حدیث کے ذریعے یہ ثابت کیا گیا ہے کہ مصلی کی پہچان کے لیے کسی دیوار کا بنانا یا پتھر یا کسی اور چیز کا نصب کر دینا جائز ہے۔

۴۔ باب موعظة الإمام النساء يوم العيد (۱۷)اس عنوان کو بھی مذکورہ حدیث سے ثابت کیا گیا ہے۔

۵۔ باب خروج الصبيان إلى المصلى (۱۸) ایک بار پھر اس حدیث سے اس نئے عنوان کے ساتھ عید گاہ میں بچوں کے جانے کا ثبوت فراہم کیا گیا ہے۔

۶۔باب الصلاة قبل العيد وبعدها (۱۹) یہ ثابت کیا گیا ہے کہ نماز عید سے پہلے یا بعد میں کوئی نفلی نماز مسنون نہیں ہے۔

۷۔باب التحريض على الصدقة والشفاعة فيها (۲۰) عورتوں کو صدقہ کی رغبت دلانے اور اس بارے میں سفارش کا بیان۔

۸۔باب العرض في الزكاة (۲۱) زکواۃ میں نقدی کے علاوہ زیورات یا کوئی سامان بھی دیا جاسکتا ہے جیسا کہ مذکورہ حدیث سے ثابت ہے کہ عورتوں نے آپ کے صدقہ کی دعوت پر اپنی بالیاں اور ہار پیش کیے۔

۹۔باب والذين لم يبلغوا الحلم: بچوں کے عید گاہ یا مساجد جانے اور بڑوں کے ساتھ نماز میں شامل ہونے کے مسئلے کو اس عنوان سے مذکورہ حدیث کے ساتھ ثابت کیا ہے۔(۲۲)

۱۰۔باب الخاتم للنساء (۲۳) اس میں عورتوں کے لیے انگوٹھیاں پہننے کا ثبوت ہے۔

۱۱۔باب القلائد والسخاب للنساء: میں سونے یا چاندی کے لاکٹ یا ہار عورتوں کے لیے پہننے کا جواز ہے۔(۲۴)

۱۲۔باب الفرط للنساء(۲۵) میں عورتوں کے لئے بالیاں پہننے کے جواز کی دلیل بتائی ہے۔

اسی طرح امام بخاری رحمۃ اللہ علیہ نے حضرت عبداللہ بن مسعود رضی اللہ تعالیٰ عنہ کی روایت " من حلف على يمين صبر يقتطع بها مال امرئ مسلم جو کوئی قسم اٹھا کر کسی مسلمان آدمی کا مال ہڑپ کرے، کو مختلف ابواب کے تحت بیان کر کے مختلف احکام اخذ کیے ہیں۔ جیسے:

۱۔باب كلام الخصوم بعضهم في بعض (۲۶) میں یہ سلسلہ بیان کیا گیا ہے کہ کسی جھگڑے میں مدعی سے دلیل لی جائے یا مدعی علیہ سے قسم۔

۲۔ باب إذا اختلف الراهن والمرتهن ونحوه فالبينة على المدعي واليمين على المدعى عليه

(۲۷)عنوان نیا ہے اور مسئلہ مذکورہ بالا ہے تاہم اس میں راہن و مرتھن کا بھی ذکر ہے اور نحوہ سے مراد کہ اس قسم کا کوئی بھی نزاع ہو، دلیل مدعی سے اور قسم مدعی علیہ سے لی جائے۔

۳۔باب سؤال الحاكم المدعي هل لك بينة قبل اليمين

(۲۸)اس میں یہ معلوم ہوا کہ حاکم قسم لینے سے پہلے مدعی سے دلیل مانگے۔

۴۔باب اليمين على المدعى عليه في الأموال والحدود

ایک نئے اندازے سے امام صاحب نے اسی مسئلہ کو بیان کیا ہے کہ اموال وحدود کے معاملات میں بھی مدعاعلیہ سے قسم لی جائے بشرطیکہ مدعی دلیل نہ دے سکے۔(۲۹)

۵۔باب يحلف المدعى عليه حيثما وجبت عليه اليمين ولا يصرف من موضع إلى غيره

(۳۰)بالکل ایک نیا عنوان ہے اور اس مسئلہ کی وضاحت ہوگئی کہ مدعاعلیہ پر جہاں قسم واجب ہوتی ہو وہیں اس سے لینی چاہیے اور اسے کسی دوسری جگہ لے جانے کی ضرورت نہیں ہے۔

۶۔ باب قول اللہ تعالی ((إِنَّ الَّذِينَ يَشْتَرُونَ بِعَهْدِ اللَّهِ وَأَيْمَانِهِمْ ثَمَنًا قَلِيلًا))

(۳۱)حضرت عبد اللہ بن مسعود رضی اللہ تعالیٰ عنہ کی اس حدیث کے مفہوم کی آیت قرآنی سے تائید کرتے ہوئے امام صاحب رحمۃ اللہ علیہ نے یہ بتانا چاہا ہے کہ دنیا کے چند سکوں کی خاطر عہد سے منحرف ہونے والوں اور جھوٹی قسمیں اٹھانے والوں کو

قیامت کے روز نہایت برے انجام اور سخت سزا سے دوچار ہونا ہو گا۔

۷۔ امام صاحب رحمۃ اللہ علیہ نے مندرجہ بالا آیت کتب التفسیر میں بھی پیش کی ہے اور اس کے تحت حضرت عبد اللہ بن مسعود رضی اللہ تعالیٰ عنہ کی اسی حدیث سے یہ ثابت کرنا چاہا ہے کہ مدعی سے یوں پوچھا جا سکتا ہے کہ آیا اس کے پاس کوئی دلیل ہے یا مدعاعلیہ سے قسم لے لی جائے۔(۳۲)

۸۔کتاب الایمان والنذور. - باب: عہد اللہ عز وجل. کے عنوان سے بھی اسی حدیث کو بیان کر کے مسئلہ ثابت کیا ہے۔(۳۳)

۹۔کتاب الاحکام میں باب الحکم والبر ونحو کے عنوان سے بھی اسی حدیث کو مختلف الفاظ سے بیان کر کے پھر مذکورہ بالا مسئلہ ثابت کیا ہے۔(۳۴)

۱۰۔کتاب 'الرد علی الجھمیة وغیرھم التوحید میں باب قَوْلِ اللَّهِ تَعَالَى وُجُوهٌ يَوْمَئِذٍ نَاضِرَةٌ إِلَى رَبِّهَا نَاظِرَةٌ.

(۳۵) کے عنوان سے پھر اسی (۳۶) اسی حدیث کو بیان کیا گیا۔

چنانچہ یہ کہنا ایک حقیقت ہے کہ محدثین فقہاء اور اہل الرائے فقہاء میں بنیادی فرق ہی یہ ہے کہ محدثین قرآن حکیم اور احادیث رسول اللہ صلی اللہ علیہ وسلم کو مد نظر رکھ کر مسائل کے حل کے لیے اجتہاد و استنباط کرتے ہیں جبکہ اہل الرائے محض اپنے مشائخ کے اقوال کو سامنے رکھ کر استنباط کرتے ہیں۔ جیسا کہ شاہ ولی اللہ نے حجۃ اللہ میں اس موضوع پر یہ لکھا ہے۔

"خدا غارت کرے مذہبی تعصب کو جس کے ہاتھوں امام بخاری رحمۃ اللہ علیہ کی فقاہت کو ہدف تنقید بنایا گیا اور اس قسم کے الزام لگائے گئے۔ جو محض تعصب کا شاخسانہ ہیں۔

حوالہ جات:۔

۱۔ حجۃ اللہ البالغۃ۔ ۱۵۲/۱ باب حکایۃ حال الناس قبل المأۃ الرابعۃ وبعدھا۔

۲۔ الجامع الصحیح۔ ۳۸۔/۱۔

۳۔ فیض الباری ۳۴۰/۱۔

۴۔ بخاری شریف ۸۲۳/۲۔

۵۔ بخاری شریف ۷۳/۱۔

۶۔ بخاری شریف۔ ۱۳/۱۔

۷۔ بخاری شریف، ۳۸۲، ۳۸۳/۱

۸۔ بخاری شریف، ۸۰۵، ۸۰۶/۲۔

۹۔ بخاری شریف ۸۴۵/۲۔

۱۰۔ بخاری شریف، ۸۴۶/۲۔

۱۱۔ ایضاً۔ ۹۴۳۔۳۔

۱۲۔ بخاری شریف ۹۹۷/۲۔

۱۳۔ ایضاً، ۲۰/۱۔

۱۴۔ ایضاً۔ ۱۱۸/۱۔

۱۵۔ ایضاً ۱۳۱/۱۔

۱۶۔ ایضاً ۱۳۳/۱۔

۱۷۔ ایضاً ۱۳۳/۱

۱۸۔ ایضاً ۱۳۳/۱

۱۹۔ ایضاً ۱۳۵/۱

۲۰۔ ایضاً ۱۹۲/۱
۲۱۔ ایضاً ۱۹۴/۱۔
۲۲۔ بخاری شریف ۷۸۹/۲۔
۲۳۔ ایضاً ۸۷۳/۲۔
۲۴۔ ایضاً بخاری شریف ۸۷۴۔ ۸۷۳/۲۔
۲۵۔ ایضاً ۸۷۴/۱
۲۶۔ ایضاً ۳۲۶/۱۔
۲۷۔ ایضاً ۳۲۶/۱۔
۲۸۔ ایضاً ۳۶۶/۲
۲۹۔ بخاری شریف ۳۶۶/۱۔
۳۰۔ ایضاً ۳۶۷/۱۔
۳۱۔ ایضاً ۳۶۷/۱۔
۳۲۔ ایضاً ۶۵۲۔۲۔
۳۳۔ بخاری شریف ۹۸۵/۲۔
۳۴۔ ایضاً ۱۰۶۵۔
۳۵۔ ایضاً ۱۱۰۵/۲۔
۳۶۔ بخاری شریف ۱۱۰۹/۲۔

(۳) امام محمد بن اسماعیل بخاری اور ان کی علمی خدمات

عبد الرشید عراقی

محدثین کے گروہ میں امام محمد بن اسماعیل بخاری کو جو خاص مقام حاصل ہے اس سے کون واقف نہیں ہے؟ امام بخاریؒ وہ شخص ہیں جنھوں نے اپنی ساری زندگی خدمت حدیث میں صرف کر دی ہے۔ اور اس میں جس قدر ان کو کامیابی ہوئی اس سے ہر وہ شخص جو تاریخ سے معمولی سی واقفیت رکھتا ہے۔ وہ اس کو بخوبی جانتا ہے اسی کا نتیجہ ہے کہ وہ امام المحدثین اور "امیر المومنین فی الحدیث" کے لقب سے ملقب ہوئے اور ان کی پرکھی ہوئی حدیثوں اور اور جانچے ہوئے راویوں پر کمال وثوق کیا گیا اور ان کی مشہور کتاب الجامع الصحیح بخاری کو "اصح الکتب بعد کتاب اللہ" کا خطاب دیا گیا۔

نام ونسب وابتدائی حالات؛ امام بخاریؒ کا نام محمد بن اسماعیل بن ابراہیم بن مغیرہ بن بروزبہ ہے۔ کنیت ابو عبداللہ اور لقب امام المحدثین اور امیر المومنین فی الحدیث ہے۔ آپ کے جد اعلیٰ بروزبہ فارس کے رہنے والے تھے اور مذہباً مجوسی تھے۔

امام بخاریؒ کے پر دادا مغیرہ پہلے شخص ہیں جنھوں نے اسلام قبول کیا۔ اور اس زمانہ کا قاعدہ یہ تھا کہ جس شخص کے ہاتھ پر اسلام لاتے تھے اسی کی نسبت سے نومسلم مشہور ہو جاتے تھے۔ مغیرہ چونکہ حاکم بخارا یمان جعفی کے ہاتھ پر مشرف بہ اسلام ہوئے تھے اسی لئے جعفی کہلائے حافظ ابن حجر عسقلانیؒ (م ۸۵۲ء) لکھتے ہیں۔

جعفی اسلام لانے کی وجہ سے مشہور ہوئے اس لئے کہ (یمان ضعفی) کے ہاتھ پر مشرف بہ اسلام ہوئے تھے۔اور جعفی خاندان سے ویسے کوئی تعلق نہیں ہے۔

امام بخاریؒ کے والد ابوالحسن اسماعیل بن ابراہیم بڑے پایہ کے محدث تھے۔آپ کے اساتذہ میں امام مالکؒ بن انس(م۱۷۹ہجری) اور امام عبداللہ بن مبارک (م۱۸۱ہجری) کے نام ملتے ہیں۔امام بخاریؒ نے ان کا متصل تذکرۃ اپنی تصنیف تاریخ کبیر میں کیا ہے۔

علامہ شہاب الدین احمد بن محمد خطیب قسطلانی(م۹۲۳ہجری) نے ارشاد الساری کے مقدمہ میں حافظ ابن حبانؒ کی کتاب الثقات کے حوالہ سے لکھا ہے کہ اسماعیل نے حماد بن زید، امام مالکؒ۔ ابو معاویہؒ۔اور دیگر اعیان زمانہ سے احادیث روایت کیں۔

علامہ اسماعیل بن ابراہیم بہت پاکیزہ نفس اور عمدہ اخلاق کے مالک تھے۔امام بخاریؒ کو یہ فخر بھی حاصل ہے کہ آپ کے والد کا شمار جلیل القدر محدثین کے گروہ میں ہوتا ہے۔اور یہ فخر اسلام میں چیدہ لوگوں کو حاصل ہوتا ہے۔

امام بخاریؒ کی والدہ بھی بہت عبادت گزار اور صاحب کرامات تھیں۔اللہ سے دعا کرنا،رونا اور عاجزی کرنا ان کا خاص حصہ تھا۔امام بخاریؒ کی صغر سنی میں آنکھیں خراب ہوگئیں۔اور بصارت جاتی رہی۔امام صاحب کی والدہ اللہ تعالیٰ کے حضور بڑی انکساری اور عاجزی سے دعا کرتی تھیں۔کہ اے اللہ میرے بچے کی بینائی درست فرمادے۔ایک دن ان کو خواب میں حضرت ابراہیم علیہ السلام کی زیارت ہوئی۔وہ فرمارہے ہیں کہ تمہارے رونے اور دعا کرنے سے تمہارے بیٹے کی آنکھیں اللہ تعالیٰ نے درست کردی ہیں۔وہ کہتی ہیں کہ میں نے جس شب خواب دیکھا اسی صبح کو میرے بیٹے کی آنکھیں

درست ہو گئیں۔

علامہ سبکیؒ لکھتے ہیں۔

یعنی محمد بن اسماعیل کی بصارت جاتی رہی اور ان کی والدہ ان کے لئے دعا کرتی تھیں۔ اور انہوں نے خواب میں حضرت ابراہیمؑ کو دیکھا جو آپ سے فرما رہے تھے کہ تمہارے کثرت سے رونے اور دعا کرنے سے اللہ تعالیٰ نے تمہارے بیٹے کی بینائی درست کردی ہے۔

ولادت: امام محمد بن اسماعیل بخاریؒ ۱۳ شوال ۱۹۴ ہجری جمعہ بخارا میں پیدا ہوئے۔ بخارا خراسان کا مشہور شہر ہے۔ فتوحات اسلامیہ سے پہلے یہ شہر ملوک سامانیہ کا دارالخلافہ تھا۔ یہ شہر بنوامیہ کے دور میں اسلامی سلطنت میں داخل ہوا۔

تعلیم و تربیت: امام بخاریؒ صغیر السن ہی تھے کہ آپ کے والد اسماعیل بن ابراہیم نے انتقال کیا۔ اس لئے آپ کی تعلیم و تربیت آپ کی والدہ کی آغوش میں ہوئی امام صاحب کی تحصیل علم کا زمانہ بچپن ہی سے شروع ہوتا ہے۔ ابتدائی تعلیم میں علم فقہ پر توجہ کی اور امام وکیع اور امام عبد اللہ بن مبارک جیسے اساتذہ فن کی تصنیفات کا مطالعہ کیا اور ۱۵ برس کی عمر میں ہی فقہ کی تعلیم سے فارغ ہو گئے۔

سفر حج: ۱۶ سال کی عمر میں امام بخاریؒ مع اپنی والدہ اور بڑے بھائی کے حج بیت اللہ کے لئے تشریف لے گئے آپ کی والدہ اور بھائی حج سے فراغت کے بعد بخارا واپس آگئے اور امام بخاریؒ مکہ معظمہ میں قیام فرما رہے۔ مکہ معظمہ میں آپ کا قیام دو سال رہا اور اس کے بعد آپ اٹھارہ سال کی عمر میں مدینہ منورہ چلے گئے قیام مدینہ میں آپ نے روزہ نبوی صلی اللہ علیہ وسلم کے پاس چاندنی راتوں میں "قضایا الصحابہ والتابعین" اور "تاریخ کبیر" تصنیف کی۔

سماع حدیث کے لئے سفر: رحلت (سفر) محدثین کی اصطلاح میں وہ سفر ہے جو حدیث یا حدیث کی اسناد عالی حاصل کرنے کے لئے کیا جاتا ہے۔ امام محمد بن اسماعیل بخاریؒ نے سماع حدیث کے لئے سفر کا آغاز ۲۱۰ ھ میں کیا۔ اور اس سلسلے میں شام، مصر، جزیرہ، حجاز مقدس، کوفہ اور بغداد کا سفر کیا۔ بصرہ آپ چار مرتبہ گئے۔ اور بغداد کا سفر آپ نے ۸ مرتبہ کیا آپ نے ہر جگہ اساطین فن سے استفادہ کیا۔

اساتذہ وشیوخ:۔ امام بخاریؒ کے اساتذہ وشیوخ کی تعداد بہت زیادہ ہے حافظ ابن حجرؒ نے امام صاحب کا یہ بیان نقل کیا ہے کہ:

میں نے ۱۰۸۰ آدمیوں سے حدیثیں لکھیں ان میں سب کے سب محدث تھے۔ آپ کے چند مشہور اساتذہ کا مختصر تذکرہ کیا جاتا ہے۔

امام محمد بن سلام بیکندی:۔

ان کا شمار ممتاز محدثین کرام میں ہوتا ہے۔ امام عبداللہ بن مبارک اور امام سفیان بن عینیہؒ کے شاگرد تھے۔ امام مالک بن انس کے ہم عصر تھے۔ علوم اسلامیہ کی تحصیل واشاعت میں ۸۰ ہزار درہم صرف کیئے ۲۲۵ ہجری میں وفات پائی۔

امام عبداللہ بن محمد مسندی: ان کا شمار بھی ممتاز محدثین کرام میں ہوتا ہے۔ امام سفیان بن عینیہؒ اور امام فضیل بن عیاض ک شاگرد تھے۔ ۱۱۲ھ میں پیدا ہوئے اور ۲۲۹ ہجری میں ان کا انتقال ہوا۔ ارباب سیر اور محدثین کرام نے ان کی عدالت وثقاہت اور حفظ وضبط کا اعتراف کیا ہے۔

یحییٰ بن معینؒ:۔ فن حدیث میں ایک اہم شعبہ اسماء الرجال ہے۔ اس میں حدیث کے رواۃ پر اس حیثیت سے بحث ہوتی ہے۔ کہ کون راوی قابل اعتماد ہے۔ اور کون ناقابل

اعتماد یا راوی کی اخلاقی زندگی کیسی ہے۔اس میں عقل وفہم کا ملکہ کس قدر ہے۔اس کے علم اور قوت حافظہ کا کیا حال ہے۔ امام یحیٰ بن معین اس فن کے امام ہی نہیں بلکہ امام الائمہ سمجھے جاتے ہیں۔ یحیٰ بن معین کے اساتذہ میں امام عبداللہ بن مبارک امام و کیع بن الجراح اور یحیٰ بن سعید القطان کے نام ملتے ہیں۔ امام یحیٰ بن معین کا سب سے بڑا کارنامہ یہ ہے کہ آپ نے اپنی ساری زندگی صحیح اور غیر صحیح روایات کی تمیز کرنے میں صرف کر دی۔ امام احمد بن حنبل (م ۲۴۱ھ) جو آپ کے تلامذہ میں شامل ہیں فرمایا کرتے تھے جو روایت یحیٰ بن معین کو معلوم نہ ہو اس کی صحت مشکوک ہے۔ امام یحیٰ بن معین نے ۲۳۳ ہجری میں مدینہ منورہ میں انتقال کیا۔

امام علی بن مدینی: امام علی بن مدینی کا شمار اکابر محدثین کرام میں ہوتا ہے۔ جرح و تعدیل کے امام تھے۔ آپ کے اساتذہ میں یحیٰ بن سعید القطان۔ سفیان بن عیینہ امام عبد الرحمٰن بن مہدی (م ۱۹۸ ہجری) اور امام ابو طیالسی کے نام ملتے ہیں۔ امام علی بن مدینی کے علم و فضل، تبحر علمی، حفظ وضبط اور عدالت و ثقاہت کا علمائے فن نے اعتراف کیا ہے۔ حافظ ابن حجر عسقلانی نے امام ابو عبد الرحمٰن احمد بن شعیب نسائی کا یہ قول نقل کیا ہے کہ اللہ تعالیٰ ن علی بن مدینی کو علم حدیث کے لئے پیدا کیا۔

امام علی بن مدینی اخلاق وعادات میں سلف کا نمونہ تھے۔ ان کی زندگی کا ہر گوشہ اتنا پاکیزہ اور پرکشش تھا کہ

"ان کی چال ڈھال، نشست و برخاست، ان کے لباس کی کیفیت غرض ان کے ہر قول و عمل کہ لوگ لکھ لیا کرتے تھے۔

ان ہی اوصاف کا کرشمہ تھا۔ کہ جب تک ان کا قیام بغداد میں رہتا۔ سنت کا چرچا بڑھ جاتا۔ اور شیعت کا زور گھٹ جاتا اور جب آپ بغداد سے بصرہ چلے جاتے تو شیعت کا

زور دوبارہ ہو جاتا۔ حافظ ابن حجر عسلقانیؒ نے امام یحییٰ بن معینؒ کا یہ قول نقل کیا ہے کہ۔

امام علی بن مدینی نے ۲۴ ہجری میں انتقال کیا۔

امام اسحاق بن راہویہ: امام اسحاق بن راہویہ کا شمار ان اساطین امت میں ہوتا ہے جنھوں نے دینی علوم خصوصاً تفسیر حدیث کی بے بہا خدمات سر انجام دیں۔ آپ کے اساتذہ میں امام عبداللہ بن مبارک (م ۱۸۱ھ) امام وکیع بن الجراح اور امام یحییٰ بن آدم کے نام ملتے ہیں۔ امام اسحاق بن راہویہ کو ابتداء ہی سے علم حدیث سے شغف تھا۔ لیکن اس کے ساتھ ان کو تفسیر وفقہ میں دسترس تھی۔ خداداد استعداد وصلاحیت اور قوت حافظہ سمیت حدیث کے ساتھ ان کے شغف وانہماک نے ان کو تبع تابعین کے زمرے میں ایک ممتاز حیثیت کا مالک بنا دیا تھا۔ ممتاز محدثین کرام ان کے فضل وکمال اور تبحر علم کے معترف تھے۔ خطیب بغدادیؒ لکھتے ہیں۔ کہ سنت کو زندہ کرنے میں اسحاق بن راہویہ کا بہت حصہ ہے۔

عادات اخلاق اور زہد وتقویٰ کے اعتبار سے وہ بہت ممتاز تھے اور علمائے کرام نے ان کے صدق وصفا، ورع وتقویٰ اور خشیت الٰہی کا اعتراف کیا ہے۔

امام اسحاق بن راہویہ فقہ میں ایک مسلک کے بانی تھے جسے اسحاقیہ کے نام سے پکارا جاتا ہے حافظ ابن کثیر لکھتے ہیں۔

اسحاق بن راہویہ امام وقت تھے ایک گروہ ان کی تقلید کرتا تھا اور ان کے مسلک کے مطابق مسائل کا استنباط اور اجتہاد کرتا تھا۔

امام اسحاق بن راہویہ نے ۷۷ برس کی عمر میں ۲۳۸ھ میں انتقال کیا۔

امام قتیبہ بن سعید: امام قتیبہ بن سعید ثقفی ۱۵۰ھ میں پیدا ہوئے۔ آپ کے اساتذہ

میں امام مالک بن انس امام وکیع بن الجراح اور امام لیث بن سعد کے نام ملتے ہیں۔ ۲۳ سال کی عمر میں سماع حدیث کے لئے سفر کیا علمائے کرام نے ان کے علم وفضل اور تبحر علم کا اعتراف کیا ہے۔ علامہ عبدالحئ بن العماد الحنبلی لکھتے ہیں۔ إليه المنتهى في الثقة ثقات میں ان کا آخری درجہ تھا۔

اور حافظ شمس الدین ذہبی نے ان کو الشیخ الحافظ محدث خراسان لکھا ہے۔ اما قتیبہ بن سعید نے ۲ شعبان ۲۴۰ھ میں ۹۱ سال کی عمر میں وفات پائی۔

امام احمد بن حنبلؒ:۔ اما احمد بن حنبلؒ ۱۶۴ھ میں بغداد میں پیدا ہوئے۔ تین سال کے تھے کہ ان کے والد کا انتقال ہوا۔ بچپن میں قرآن مجید حفظ کیا۔ اس کے بعد تحصیل علم کے لئے کوفہ، بصرہ، مکہ، مدینہ، یمن، شام، اور جزیرہ کا سفر کیا۔ آپ کے اساتذہ میں امام ابو یوسف ابو حازم واسطی اور امام محمد بن ادریس شافعی کے نام ملتے ہیں۔

۴۰ سال کی عمر میں (۲۰۴ھ) میں انہوں نے حدیث کا درس دینا شروع کیا۔ یہ بھی ان کا کمال اتباع سنت تھا کہ انہوں نے عمر کے چالیسویں سال جو سن نبوت ہے علوم نبوت کی اشاعت شروع کی۔

امام احمد بن حنبلؒ کی زندگی زہد وتوکل میں یکتائے روزگار تھی۔ تواضع ومسکنت میں بھی آپ اپنی مثال آپ تھے۔ مسئلہ "خلق القرآن" میں ان کی ثابت قدمی کی وجہ سے تمام عالم اسلام ان کی شہرت سے معمور تھا۔ علمائے کرام اور معاصرین نے ان کے علم وفضل حفظ وضبط، عدالت وثقاہت زہد ورع اور تقویٰ وطہارت کا اعتراف کیا ہے۔ امام ابو نعیم اصفہانی (م ۴۳۰ھ) نے امام یحییٰ بن معین کا یہ قول نقل کیا ہے کہ۔

میں نے امام احمد بن حنبلؒ جیسا متقی نہیں دیکھا۔ میں ۵۰ سال ان کے ساتھ رہا۔ انہوں نے کبھی ہمارے سامنے اپنی صلاح وخیر پر فخر نہیں کیا۔

امام احمد بن حنبلؒ کی تصانیف میں مسند احمد بن حنبلؒ سب سے زیادہ مشہور ہے۔ یہ حدیث کا سب سے ضخیم مجموعہ ہے۔ اس میں ۷۰۰ صحابہ کرام رضوان اللہ عنھم اجمعین کی روایات ہیں۔

امام احمد بن حنبلؒ نے ۷۷ سال کی عمر میں ۱۲ ربیع الاول ۲۱۴ ہجری میں بغداد میں انتقال کیا۔ نماز جنازہ میں آٹھ لاکھ مرد اور ۶۰ ہزار عورتیں شامل تھیں۔

تلامذہ:۔

امام بخاریؒ کے تلامذہ اور مستفدین کا حلقہ بہت وسیع تھا۔ امام محمد بن یوسف فربریؒ جو امام بخاریؒ کے ارشد تلامذہ میں تھے کہ روایت ہے کہ ۹۰ ہزار آدمیوں نے الجماع الصحیح البخاری کو امام صاحب سے براہ راست سنا تھا۔ اور ان کا حلقہ درس بہت وسیع تھا۔ دنیائے اسلام کے مختلف گوشوں کے آدمی اس میں شریک ہوتے تھے۔ امام صاحب کے تلامذہ میں بڑے پایہ کے محدثین کرام شامل ہیں۔

امام مسلم:۔

امام مسلم بن حجاج ۲۰۴ھ میں خراسان کے شہر نیشاپور میں پیدا ہوئے۔ امام صاحب کا مولد و مسکن "نیشاپور" اس وقت علم و فن کا مرکز تھا۔ چنانچہ امام صاحب نے ابتدائی تعلیم علمائے نیشاپور سے حاصل کی۔ بعد ازاں تحصیل حدیث کے لئے عراق، حجاز، شام، مصر، تشریف لے گئے۔ اور ہر جگہ اساطین فن سے استفادہ کیا۔ امام اسحاق بن راہویہ (م۲۳۸ھ) جیسے بلند پایہ محدث آپ کے اساتذہ میں شامل ہیں۔ امام مسلمؒ کے علم و فضل، عدالت و ثقاہت، زہد ورع اور تبحر علمی کا اعتراف ارباب سیر اور علمائے کرام نے کیا ہے امام اسحاق بن راہویہ (م۲۲۸ھ) جو کہ آپ کے استاد ہیں انہوں نے پیشن گوئی فرمائی تھی کہ:۔ اي رجل يكون هذا" خدا جانے کس بلا کا یہ شخص

ہو گا۔"

امام مسلمؒ اخلاق وعادات میں بہت ممتاز تھے۔ ساری عمر کسی کی غیبت نہیں کی۔ اوراپنے اساتذہ وشیوخ کا بہت احترام کرتے تھے۔ خصوصاًامام بخاریؒ کا بے حد احترام کرتے تھے۔ امام مسلم کے مسلک کے بارے میں علمائے کرام میں اختلاف ہے۔ محی السنہ مولاناسید نواب صدیق حسن خاں (۱۳۰۷ھ) نے انہیں شافعی بتایاہے۔

امام صاحب کی تصانیف میں الجامع الصحیح المسلم سب سے زیادہ مشہور ہے اور اس کو سب سے زیادہ شہرت ومقبولیت حاصل ہوئی۔ اس کانام ہمیشہ الجامع الصحیح البخاری کے بعد لیاجاتاہے۔ امام مسلمؒ نے اس کتاب میں ان احادیث کودرج کیاہے جن کی صحت پر مشائخ وقت کو اتفاق تھا۔ امام مسلمؒ نے ۲۵ رجب ۲۶۱ھ کونیشاپور میں انتقال کیا۔

امام ابوحاتم رازیؒ:۔

امام ابوحاتمؒ رازی ۱۹۰ھ میں پیدا ہوئے۔ فن جرح وتعدیل کے بہت بڑے امام تسلیم کئے جاتے ہیں۔ ان کی زندگی کی خصوصیات میں یہ امر مشہور ہے کہ احادیث رسول اللہ صلی اللہ علیہ وسلم کی تلاش میں پیدل سفر کرتے تھے۔ اور خود فرمایا کرتے تھے کہ میں نے ایک ہزار میل پیدل سفر کیا۔ امام بخاریؒ کے ارشد تلامذہ میں ان کا شمار ہوتاہے۔ بڑے صاحب فضل وکمال تھے۔ ارباب سیر اور علمائے کرام نے ان کے علم وفضل، تبحر علم، اور جلالت قدر کااعتراف کیاہے امام ابوحاتم رازیؒ نے شعبان ۲۷۷ھ میں انتقال کیا۔

امام ابوعیسیٰ ترمذیؒ:۔

امام ابوعیسیٰ ترمذیؒ ۲۰۵ھ میں پیدا ہوئے۔ امام صاحب نے جب ہوش سنبھالا تو اس وقت علم حدیث شہرت کے انتہائی درجے کو پہنچ چکا تھا۔ بالخصوص خراسان اور

ماوراالنہر کے علاقے تو مرکزی حیثیت رکھتے تھے۔اور امام محمد بن اسماعیل بخاریؒ کی مسند علم بچھ چکی تھی۔امام ترمذیؒ نے تحصیل حدیث کے لئے مختلف ملکوں کا سفر کیا۔حافظ ابن حجر عسقلانیؒ لکھتے ہیں کہ:۔

طاف البلاد وسمع خلقا كثيرا من الخراسانيين, والعراقيين, والحجازيين

"امام ترمذیؒ نے خراسان، عراق،اور حجاز کا سفر کیا اور ہر جگہ اساطین فن سے استفادہ کیا۔"

امام بخاریؒ کے علاوہ امام مسلمؒ بھی آپ کے اساتذہ میں شامل ہیں۔اور امام ابوداؤد سجستانی بھی امام ترمذیؒ کے اساتذہ میں شامل ہیں۔یعنی ائمہ صحاح ستہ میں تین محدثین کرام کو آپ کے استاد ہونے کا شرف حاصل ہے۔

حضرت شاہ عبدالعزیز محدث دہلوی (۱۲۳۹ھ) فرماتے ہیں۔

امام ترمذیؒ امام بخاریؒ کے مشہور تلامذہ میں شمار ہوتے ہیں۔اور مسلم وابوداؤد اور ان کے شیوخ سے بھی روایت کرتے ہیں۔علم حدیث کے طلب میں بصرہ، کوفہ،واسط،رے، خراسان اور حجاز میں بہت سال گزارے۔

امام ترمذیؒ کا حافظہ بہت قوی تھا اور اس کے ساتھ زہد و تقویٰ میں بھی بہت ممتاز تھے۔حضرت شاہ عبدالعزیز محدث دہلوی (م ۱۲۳۹ھ) لکھتے ہیں کہ:

"یعنی زہد و تقویٰ اس وجہ سے حاصل تھا کہ اس سے زیادہ کا تصور ہی نہیں کیا جاسکتا۔اور خوف الٰہی سے بکثرت گریہ زاری کرتے تھے۔یہاں تک کہ آنکھوں کی بینائی جاتی رہی۔"

امام ترمذیؒ کے مسلک کے بارے میں علمائے کرام کا اختلاف ہے۔امام ترمذیؒ امام بخاریؒ کے شاگرد تھے اس لئے ان پر مجتہدانہ رنگ غالب تھا۔حضرت شاہ ولی اللہ محدث

دہلوی لکھتے ہیں۔

وكان صاحب الحديث أيضا قد ينسب إلى أحد المذاهب لكثرة موافقته

یعنی محدثین کو کسی امام کی کثرت موافقت کی وجہ سے اسی مذہب کی طرف منسوب کر دیا جاتا تھا

مولانا سید محمد انور شاہ کشمیری نے انہیں شافعی لکھا ہے۔

امام ترمذی کی تصانیف میں جامع الترمذی، کتاب العلل، اور شمائل ترمذی بہت مشہور ہیں۔ الجامع ترمذی آپ کی بہت مشہور تصنیف ہے۔ صحاح ستہ میں شامل ہے۔ الجامع الترمذی کے مطالعہ سے امام ترمذیؒ کی وسعت نظر، کثرت اطلاع اور وقت فہم کا پتہ چلتا ہے اور اس کے ساتھ جامع ترمذی کے مطالعہ سے محدثین کی بے تعصبی اور ان کے دائرہ عمل کی وسعت کا اندازہ کیا جاسکتا ہے۔

"الجامع "اسی کو کہا جاتا ہے۔ کہ جس میں آٹھ قسم کے مضامین ہوں یعنی (۱) سیر۔ (۲) آداب (۳) تفسیر (۴) عقائد (۵) متن (۶) احکام (۷) اشراط (۸) مناقب چونکہ ان آٹھوں قسم کے مضامین پر مشتمل ہے اس لئے اس کو الجامع کہا جاتا ہے۔ جامع ترمذیؒ کے بارے میں علمائے کرام کا یہ فیصلہ ہے کہ جس گھر میں یہ کتاب ہو گویا اس میں نبی کریم صلی اللہ علیہ وسلم گفتگو فرما رہے ہیں۔ الجامع الترمذی کی علمائے کرام نے بہت سی شرحیں لکھی ہیں۔ امام ترمذیؒ نے ۲۷۹ھ میں انتقال کیا۔

امام محمد بن نصر مروزیؒ:۔

امام محمد بن نصر مروزیؒ ۲۰۲ھ میں پیدا ہوئے۔ امام بخاریؒ کے علاوہ امام اسحاق بن راہویہؒ بھی آپ کے اساتذہ میں شامل ہیں۔ ان کے علاوہ امام محمد بن نصر مروزی نے جن اساتذہ وشیوخ سے استفادہ کیا۔ حافظ ابن حجر عسقلانیؒ نے اس کی فہرست تہذیب التہذیب میں درج کی ہے۔

امام مروزی کو علم وفن سے فطری ذوق تھا۔ طلب حدیث کے لئے آپ نے مختلف اسلامی ممالک کا سفر کیا۔ خطیب البغدادی لکھتے ہیں۔

"وحل الي سائر الامصار في طلب العلم"

آپ نے طلب علم کے لئے مختلف ممالک کا سفر کیا"

حافظ ابن جوزیؒ لکھتے ہیں۔ کہ امام محمد بن نصر مروزی نے طلب علم کے لئے مختلف شہروں کا سفر کیا۔ اور خراسان، حجاز، عراق۔ شام ومصر کے علماء سے استفادہ کیا۔

علمائے کرام نے ان کے علمی تبحر، حفظ وضبط، عدالت وثقاہت کا اعتراف کیا ہے۔ امام ذہبیؒ نے ان کو راسخاً فی الحدیث لکھا ہے۔ امام ابن صبان نے ان کو جامع وضابط، صاحب علم لکھا ہے۔ اور اس کے ساتھ یہ بھی لکھا ہے کہ آپ احادیث کے مطالب کے حافظ اور مدافع تھے۔

امام مروزی کو امام محمد بن ادریس شافعیؒ سے بڑا تعلق تھا۔ ان کے نامور تلامذہ سے فقہ کی تحصیل کی تھی۔ اور اسی مسلک فقہ سے وابستہ تھے۔ علامہ عبدالحیٔ بن المعادالفیصلی لکھتے ہیں کہ ان کے زمانہ کے سوانح میں کوئی شخص ان کا ہمسر نہیں تھا امام محمد بن نصر مروزی نے متعدد کتابیں تصنیف کیں۔ خطیب بغدادی لکھتے ہیں کہ:۔ صاحب التصانیف الکثیرۃ والکتب الجمیعۃ یعنی وہ متعدد کتابوں کے مصنف تھے۔

حافظ ابن کثیرؒ (م ۷۷۴ھ) لکھتے ہیں۔ وصنف الكتب المفيدة الحافلة النافعة، یعنی "انہوں نے نفیس کتابیں لکھی ان کی تالیفات میں مسند کتاب القسامہ، کتاب تعظیم الصلواۃ کتاب رفع الیدین اور کتاب قیام اللیل کے نام لکھے ہیں۔ امام محمد بن نصر مروزی نے ۲۹۴ھ میں سمرقند میں انتقال کیا۔

امام نسائیؒ:۔ امام ابو عبدالرحمٰن احمد بن شعیب نسائی ۲۱۵ھ میں خراسان کے شہر

"نساء" میں پیدا ہوئے ابتدائی تعلیم اپنے وطن میں حاصل کی۔ ۱۵سال کی عمر میں تحصیل علم کے لئے سفر کا آغاز کیا۔ سب سے پہلے بلخ پہنچے اور امام قتیبہ بن سعید ثقفی سے استفادہ کیا۔ جیسا کہ امام ذہبیؒ لکھتے ہیں۔

ورحل إلى قتيبة بن سعيد وله خمس عشرة سنة سنة ثلاثين يقول: أقمت عنده سنة وشهرين سب سے پہلے امام قتیبہ کی خدمت میں سفر کر کے گئے جب کہ عمر ۱۵سال تھی اور ان کے پاس ۱۴ماہ قیام رہا۔

ان کے علاوہ دوسرے اساتذہ وشیوخ سے بھی استفادہ کیا۔ حضرت شاہ عبدالعزیز محدث دہلوی لکھتے ہیں کہ امام نسائیؒ نے خراسان، عراق، حجاز، جزیرۃ، شام، مصر وغیرہ کا سفر کیا۔ اور ہر جگہ اساطین فن سے استفادہ کیا۔

تحصیل تعلیم کے بعد امام نسائیؒ نے مستقل طور پر مصر میں سکونت اختیار کی۔ اور وفات سے ایک سال قبل مصر سے سکونت ترک کر کے دمشق میں آباد ہو گئے۔ حضرت شاہ عبدالحقؒ محدث دہلوی لکھتے ہیں۔

"مصر میں مستقل طور پر سکونت اختیار کی۔ اور ان کی تصانیف اسی اطراف میں پھیلیں اور بہت سے لوگوں نے امام صاحبؒ سے اخذ حدیث کیا ہے۔ آخری زندگی زی قعدہ ۳۰۲ھ میں مصر سے دمشق گئے تھے۔

امام نسائیؒ کے اساتذہ میں سے امام بخاریؒ کے علاوہ امام اسحاقؒ بن راہویہ اور امام ابو داؤدؒ سجستانی ۲۷۵ھ کے نام بھی ملتے ہیں۔

امام نسائیؒ زہد اور ورع میں یکتائے روزگار تھے۔ ان کے علم وفضل، جلالت اور تبحر علمی کا علمائے کرام نے اعتراف کیا ہے۔ علامہ ابن خلکانؒ نے امام عصر في الحديث کے الفاظ سے یاد کیا ہے۔ حافظ ابن حجر عسقلانیؒ نے امام دار قطنی (م ۳۸۵ھ) کا یہ قول نقل

کیاہے کہ۔

أبو عبد الرحمن أحمد بن شعيب بن علي النسائي ، المتوفى ... مقدَّمٌ على كل من يُذكر بهذا العلم من أهل عصره ابو عبدالرحمٰن نسائیؒ اپنے زمانے کے تمام محدثین (بخاری و مسلم کے بعد) بلند وبالا تھے۔

امام نسائیؒ کے مسلک کے بارے میں بھی علمائے کرام میں اختلاف پایا جاتا ہے کہ ائمہ مجتہدین میں سے کس کے مسلک کی طرف ان کا انتساب ہے۔ حضرت شاہ عبدالعزیز محدث دہلویؒ فرماتے ہیں۔

"او شافعی مذہب بود چنانچہ مناسک اوبرآں دلالت می کند"

آپ شافعی مذہب تھے۔ جیسا کہ ان کے مناسک اس پر دلالت کرتے ہیں۔

محی السنہ مولانا سید نواب صدیق حسن خاں نے بھی امام نسائی کو شافعی لکھا ہے۔ اور حضرت شاہ ولی اللہ محدث دہلوی کے نزدیک بھی امام نسائیؒ شافعی مذہب کے پابند تھے۔ لیکن مولانا سید انور شاہ کشمیری نے ان کو حنبلی مذہب کا پابند بتایا ہے۔

امام نسائیؒ کی تصانیف بہت ہیں لیکن ان کی سب سے مشہور کتاب سنن نسائی ہے اور سنن کے نام سے آپ کی دو کتابیں ہیں۔ سنن کبریٰ۔ سنن صغریٰ۔ صحاح ستہ میں سنن صغریٰ شامل ہے۔ علمائے کرام نے سنن نسائی کے بہت سے محاسن وفضائل بیان کیے ہیں۔ حافظ سماوی (م ۹۰۲ھ) محدث ابن الاحمر کے حوالہ سے لکھتے ہیں کہ:۔

انه أشرف المصنفات كلها وما وضع في الاسلام مثله.

اس فن کی تمام مصنفات سے افضل ہے۔ اور اسلام میں اس کی مانند کوئی کتاب نہیں لکھی گئی۔

امام نسائیؒ نے ۱۳ صفر ۳۰۳ میں ۸۸ سال کی عمر میں انتقال کیا۔ اور مکہ معظمہ میں صفا

مروہ کے درمیان دفن ہوئے۔

امام ابن خذیمہ :۔ امام ابن خزیمہ جن کی کنیت ابو بکر اور نام محمد بن اسحاق بن خزیمہ تھا۔ ۲۲۳ھ میں خراسان کے شہر نیشاپور میں پیدا ہوئے۔ امام بخاریؒ کے ارشد تلامذہ میں سے تھے۔ تحصیل علم کے لئے آپ نے بغداد، بصرہ، کوفہ، شام، حجاز، عراق، مصر اور واسطہ کے سفر کیے۔ اور ہر جگہ کے علمائے کرام و مشائخ سے استفادہ کیا۔

امام ابن خزیمہؒ کا شمار اکابر محدثین اور ائمہ فن میں ہوتا ہے احادیث اور دیگر علوم اسلامیہ پر ان کی نظر گہری تھی۔ علمائے کرام اور ارباب سیر نے ان کے علم و فضل، عدالت و ثقات، حفظ و ضبط، زہد وورع و دین و تقویٰ اور تبحر علمی کا اعتراف کیا ہے۔ حافظ ذہبیؒ لکھتے ہیں۔"

"وانتهت إليه الإمامة والحفظ في عصره بخراسان"

حافظ ابن حبان (م ۳۵۴ھ) حافظ ابن خزیمہ کے بارے میں فرماتے ہیں۔ "روئے زمین پر احادیث و سنن کے صحیح الفاظ اور زیارات کی یاداشت رکھنے والا ان کی مانند کوئی اور شخص نہیں ایسا معلوم ہوتا ہے کہ سنن واحادیث کا تمام ذخیرہ ان کی نگاہوں کے سامنے ہوتا ہے۔ امام ابن خزیمہؒ ائمہ اربعہ کی طرح ایک مذہب کے امام اور رکن تسلیم کئے جاتے تھے۔ اور ان کے متبعین ان کے پیروی کرتے تھے وہ مقلد کی بجائے خود امام مستقل اور صاحب مذہب تھے۔ امام ابن خزیمہ نے صحیح حدیثوں کا انتخاب کرکے ایک کتاب مرتب کی۔ جو صحیح ابن خزیمہ کے نام سے مشہور و معروف ہے۔ اس کا شمار حدیث کی اہم کتابوں میں ہوتا ہے حافظ ابن کثیرؒ لکھتے ہیں۔

من أنفع الكتبِ صحیح ابن خزیمہ نہایت مفید اور اہم کتابوں میں ہے۔ علامہ جلال الدین سیوطیؒ نے صحیح ابن خزیمہؒ کو صحیح ابن حبان سے زیادہ معتبر بتایا ہے اور لکھا ہے کہ

امام ابن خزیمہؒ نے صحت کی جانب زیادہ توجہ کی ہے۔ اور ادنیٰ شبہ پر بھی توقف سے کام نہیں لیا۔ حافظ ابن حجر عسقلانیؒ نے صحیح ابن خزیمہ پر مفید حواشی لکھے تھے۔ امام ابن خزیمہؒ نے ۲ زی قعدہ ھ ۳۱۱ کو انتقال کیا۔

امام صالح بن محمد جزرہ:۔

۲۰۵ھ میں پیدا ہوئے۔ امام بخاریؒ کے علاوہ امام یحییٰ بن معین اور امام احمد بن حنبلؒ سے بھی استفادہ کیا۔ ۲۶۶ھ میں مستقل طور پر بخارا میں سکونت اختیار کی حاکم بخارا ان کی بڑی توقیر تعظیم کرتا تھا۔ علمائے کرام نے ان کی عدلت وثقاہت، حفظ وضبط، زہد وتقویٰ، اور تبحر علمی کا اعتراف کیا ہے۔ ۲۹۳ھ میں بخارا میں انتقال کیا۔

امام بخاریؒ کا غیر معمولی حافظہ:۔

امام صاحب فطرتاً قوی الحافظہ تھے۔ فطرت کی اس فیاضی سے انہوں نے فن حدیث کی تحصیل میں بہت فائدہ اٹھایا۔ استاد سے جو حدیث سنتے فوراً سینے پر نقش ہو جاتی۔ بچپن میں ۷۰ ہزار حدیث زبانی یاد تھیں علامہ احمد بن محمد خطیب قسطلانیؒ (م ۹۲۳ھ) لکھتے ہیں۔ کہ امام صاحب کا اپنا یہ بیان ہے کہ مجھے ایک لاکھ صحیح احادیث اور ۲ لاکھ غیر صحیح روایات یاد ہیں۔

امام صاحب کے حافظہ کا ایک مشہور واقعہ ہے۔ کہ جب آپ بغداد تشریف لائے تو علمائے کرام نے ان کے حافظے کا امتحان لینا چاہا اور دس آدمیوں کو دس دس احادیث زبانی یاد کرائیں۔ جن کی سندیں انہوں نے بدل دی تھیں۔ وہ احادیث ان دس آدمیوں نے باری باری امام صاحب کو سنائی اور ہر حدیث پر امام صاحب نے لا ادری (میں نہیں جانتا) فرمایا۔ جب دس کے دس آدمی اپنی اپنی حدیثیں سنا چکے تو امام صاحب نے ہر حدیث کو اس کی اصلی سند کے ساتھ اصلی متن کے ساتھ ملا کر ترتیب وار سنا دیا۔ لوگ سن کر

دنگ رہ گئے۔ اور آپ کے علم و فضل کا لوہا ماننا پڑا۔ اور علمائے کرام کو یہ کہنا پڑا کہ:

محمد بن إسماعيل آية من آيات الله في بصره ونفاذه من العلم.

"یعنی محمد بن اسماعیل بخاری بصیرت علمی اور علوم میں تبحر کی وجہ سے خدا کی ایک نشانی ہیں۔

انسائیکلوپیڈیا کے مصنفین نے بھی امام بخاریؒ کے حافظہ کا اعتراف کیا ہے۔ اور لکھا ہے کہ "امام بخاریؒ کا حافظہ واستحضار اس غضب کا تھا کہ معاصرین ائمہ تک کو وہ ایک کرامت نظر آتا تھا۔ امام صاحب کے فضل و کمال کی شہرت اس سے پہلے وہ فارغ التحصیل ہوں دور دور تک پہنچ چکی تھی۔ حفظ حدیث میں ان کا پایہ اس قدر بلند تھا کہ بڑے بڑے محدثین مقابلہ نہیں کرسکتے تھے۔ اس لئے ان کی تیزی ذہن اور قوت حافظہ کا عام طور پر اعتراف کیا جاتا تھا۔ ان کے زمانے کے وہ علمائے کرام جن کے گردوبیش ایک بڑی جماعت تلامذہ کی رہتی تھی۔ اور وہ فضل و کمال کے لحاظ سے خود امام فن کی حیثیت رکھتے تھے۔ ان کے کسی مجموعہ حدیث کو امام صاحب صحیح تسلیم کرتے تو فخریہ فرماتے۔

"ہماری ان حدیثوں کو امام محمد بن اسماعیل بخاریؒ نے صحیح تسلیم کیا ہے۔"

اخلاق وعادات اور طرز معاشرت:۔

امام صاحب کی مقدس زندگی میں بعض ایسی شائستہ خصوصیات پائی جاتی ہیں جن سے بڑے بڑے نادار لوگوں کا اخلاقی دامن خالی ہے۔ ان کی طبیعت حد درجہ غیور، خود دار اور بے تکلف تھی۔ پوری زندگی کسی امیر خلیفہ کے دربار میں حاضری نہیں دی۔ اور نہ کسی قسم کا دنیوی فائدہ حاصل کیا۔ پوری زندگی سادگی اور قناعت میں بسر کردی۔ ان کے والد علامہ اسماعیل نے کافی رقم ترکہ میں چھوڑی تھی۔ جو آپ نے راہ خدا میں خرچ کردی۔ انکساری ان میں حد درجہ تھی۔ رواداری بہت زیادہ تھی۔ اور بے تعصبی میں بھی

اپنی مثال آپ تھے۔ صفائی کا بہت خیال رکھتے تھے۔ مجلس درس میں طلباء کی جماعت جوق در جوق ان کے درس میں شریک ہوتی تھی اور بڑے بڑے پایہ کے محدث بھی ان کے حلقہ تلامذہ میں شامل تھے۔

ان کی مجلس درس کبھی مسجد اور کبھی ان کے مکان پر منعقد ہوتی تھی۔ ان کے تلامذہ میں امام مسلم بن حجاج، امام ابو عیسیٰ ترمذی، اور امام ابو عبدالرحمٰن احمد بن شعیب جیسے محدث نظر آتے ہیں، جو ارکان صحاح ستہ کے تین جلیل القدر ستون ہیں۔ امام ابن خذیمہ، امام محمد بن نصر مروزی اور امام صالح بن محمد جزرہ جو آگے چل کر خود بہت بڑے محدث اور مصنف ہوئے۔ امام صاحب کے عام شاگردوں میں داخل ہیں۔

صبر و قناعت کا یہ عالم تھا کہ بسا اوقات دو یا تین بادام پر گزارہ کرتے۔

امام شاہ ولی اللہ دہلوی (۱۱۷۶ھ) کہتے ہیں۔

کان قلیل الاکل جدا مفرد فی الجود "بسا اوقات آپ کو دو یا تین بادام پر ایک دن گزارنا پڑا۔"

امام بخاری کے بارے میں شیوخ و معاصرین کا اعتراف :۔

امام بخاریؒ فضل و علم، جلالت قدر، ذہانت و فطانت، حفظ و ضبط، زہد تقویٰ وطہارت، اور تبحر علمی کا اعتراف نہ صرف ان کے معاصرین اور متاخرین نے کیا بلکہ آپ کے اساتذہ و شیوخ نے بھی آپ کے علم و فضل اور تبحر علمی کا اعتراف کیا ہے۔ امام صاحب کی مدح میں علماء کے اتنے اقوال ہیں کہ بقول حافظ ابن حجر عسقلانی۔ فذلك البحر الذی لا ساحل لہ سفینہ چاہیے اس بحر بیکراں کے لئے۔

استاد کی جو رائے تلمیذ کے بارے میں معتبر اور صحیح ہوتی ہے۔ وہ کسی دوسرے کی نہیں ہو سکتی۔ استاد اپنے تلمیذ کی ہر حرکت و عادت سے واقف ہوتا ہے۔ اور تلمیذ کے

ذوق وشوق اور تعلیم میں توجہ وانہماک وغیرہ سے بھی واقف ہوتا ہے۔اس لئے استاد کی رائے دوسرے آدمیوں کے مقابلے میں زیادہ وزنی ہوتی ہے۔

شیوخ کا اعتراف:۔

امام قتیبہ بن سعید ثقفی جو امام بخاریؒ کے علاوہ امام مسلمؒ ابو داؤدؒ وترمذیؒ اور نسائیؒ کے بھی استاد ہیں۔ فرماتے ہیں۔"میں فقہاء محدثین، زہاد، عباد کی خدمتوں میں راتوں رہا۔ اور ایک زمانے تک ان کی خوشہ چینی کی لیکن جب سے میں نے ہوش سنبھالا، محمد بن اسماعیل (امام بخاریؒ) جیسا جامع کمالات نہیں دیکھا۔

امام احمد بن حنبلؒ جو ایک مذہب کے رکن مانے جاتے ہیں۔ فرماتے ہیں۔

"خراسان کی زمین نے امام بخاریؒ جیسا کسی کو پیدا نہیں کیا۔امام محمد بن بشار (م ۲۴۸ھ) فرماتے ہیں۔"میں امام بخاریؒ کی وجہ سے برسوں فخر کرتا ہوں۔"

امام احمد بن اسحاق (م ۲۴۲ھ) فرماتے ہیں کہ:

"جو شخص چاہے کہ سچے اور واقعی فقیہ کو دیکھے تو وہ محمد بن اسماعیل بخاریؒ کو دیکھے

امام عبداللہ بن محمد مسندی (م ۲۲۹ھ) فرماتے ہیں کہ:

"امام بخاریؒ امام ہیں جو ان کو امام تسلیم نہ کرے اسے متہم سمجھو اور یہ بھی فرمایا کرتے تھے کہ دنیا میں تین امام ہیں۔ان میں اول امام بخاریؒ ہیں۔

معاصرین کی آراء:۔

معاصرین کی آراء بھی بہت وزن رکھتی ہیں۔امام صاحب کے بارے میں آپ کے معاصرین نے جن خیالات کا اظہار کیا ہے وہ آپ ملاحظہ فرمائیں۔امام ابو حاتم رازیؒ(م ۲۷۷ھ) فرماتے ہیں کہ:۔

"خراسان میں امام بخاریؒ جیسا کوئی احفظ نہیں ہوا۔اور نہ خراسان سے عراق کی

طرف امام بخاریؒ جیسا کوئی ذی علم آیا۔

امام عبد اللہ بن عبد الرحمان دارمی فرماتے ہیں۔ کہ میں حرمین، حجاز، شام، عراق سب جگہ پھرا، اور علماء سے ملاقات کی۔ لیکن امام بخاریؒ جیسا جامع کسی کو نہیں پایا۔ امام بخاریؒ ہم سے کہیں بڑھ کر عالم اور طالب حدیث تھے۔

امام صالح بن جزرہ۔ (م ۲۹۳ھ) فرماتے ہیں۔

مارایت خراسان انھم من محمد بن اسماعیل البخاري واحفظ للحدیث "میں نے خراسان میں امام محمد بن اسماعیل بخاری جیسا حافظ حدیث نہیں دیکھا"

متاخرین کی آراء:۔

علماء متاخرین نے بھی امام بخاریؒ کے فضل و علم، جلالت شان اور تبحر علمی کا اعتراف کیا ہے۔ حافظ ابن حجر عسقلانیؒ فرماتے ہیں۔

ولو فتحت باب ثناء الأئمة عليه ممن تأخر عن عصره لفنى القرطاس ونفذت الأنفاس فذاك بحر لا ساحل له یعنی "امام بخاریؒ کی مدح میں اگر متاخرین کے اقوال نقل کرنے شروع کروں، تو کاغذ ختم ہو جائے اور عمر صرف ہو جائے متاخرین کی مدح سرائی بحر پایاں ہے۔

علامہ بدر الدین ابو محمد محمود بن احمد عینی فرماتے ہیں:۔

"امام بخاریؒ حدیثوں کے پرکھنے والے اہل بصیرت واہل شہرت ہیں۔ امام ہیں اہل اسلام کے لئے حجت ہیں علمائے ثقات نے ان کی فضیلت کا اعتراف کیا ہے۔

علامہ ابن عابدین شامی صاحب المختار شارح ورد المختار امام صاحب کے بارے میں فرماتے ہیں:۔

"یعنی امام بخاریؒ آنحضرت صلی اللہ علیہ وسلم کے معجزات میں سے ایک معجزہ

ہیں۔ کہ حضرت کی امت میں ایک ایسا بے نظیر شخص پایا گیا ہے بے مثل ہے جس کا وجود ایک نعمت کبریٰ ہے جو امیر المومنین فی الحدیث ہیں سلطان المومنین ہیں۔ امام ہیں، مجتہد ہیں۔ ناقد و بصیر ہیں۔ اور ان کی جلالت و تدابیر، حفظ پر اتقان پر تمام دنیا کے ثقہ لوگوں نے اتفاق کیا ہے۔

امام بخاری مسشرقین کی نظر میں:۔

امام محمد بن اسماعیل بخاریؒ کی جلالت قدر، حفظ وضبط، اور تبحر علمی کا اعتراف مستشرقین نے بھی کیا ہے۔ انسائیکلو پیڈیا برناٹیکا کے مصنفین لکھتے ہیں۔ کہ جب امام بخاریؒ اپنے خاندان کے ساتھ حج کو گئے تو بخارہ سے مکہ تک راستہ میں حدیثوں کی سماعت کرتے گئے۔ اس میں شبہ نہیں کہ وہ اپنے فن کے مستند امام ہو گئے۔ ان کا حافظہ اور استحضار اس غضب کا تھا کہ ان کے معاصرین کو ایک قیامت نظر آتا تھا۔

امام بخاریؒ پر دور ابتلاء و آزمائش:۔

ہجری ۲۵۰ میں امام محمد بن اسماعیل بخاری نیشاپور تشریف لے گئے نیشاپور خراسان کا مشہور شہر تھا۔ جس کے بارے میں علامہ سبکی فرماتے ہیں۔

(قد كانت نيسابور من أجل البلاد وأعظمها، ولم يكن بعد بغداد مثلها)

نیشاپور اسقدر بڑے اور عظیم الشان شہروں میں سے تھا کہ بغداد کے بعد اس کی نظیر نہ تھی۔ نیشاپور اس زمانے میں علم حدیث کا مرکز تھا۔ امام محمد بن یحییٰ ذیلی استاد امام مسلم بن الحجاج صاحب صحیح المسلم کا مولد و مسکن یہی نیشاپور تھا اور ان کے علم و فضل نے نیشاپور کو دور دور تک مشہور کر دیا تھا۔ ایسی حالت میں امام صاحب کا نیشاپور جانا اور بڑے بڑے علمائے کرام اور محدثین کی موجودگی میں اپنے فضل و کمال کا سکہ بٹھانا ایک غیر معمولی واقعہ ہے۔

امام بخاریؒ جب نیشا پور پہنچے تو آپ کا والہانہ استقبال کیا۔ اور اس کے بعد امام صاحبؒ نے نیشاپور میں حدیث کی مجلس درس قائم کی اور علمائے کرام اور طالبان حدیث جوق در جوق آپ کی مجلس درس میں حاضر ہوتے۔ اور آپ کی معلومات حدیث سے مستفیض ہوتے۔ امام مسلم جو آپ کے تلمیذ رشید تھے آپ کی جامعیت اور تبحر علمی سے اس قدر متاثر تھے۔ ایک دن فرمایا!" وأشهد أنه ليس في الدنيا مثلك میں گواہی دیتا ہوں کہ آپ جیسا آدمی دنیامیں پیدا نہیں ہوا۔"

امام محمد بن یحییٰ زیلی (م۲۵۸ھ) جو نیشاپور کے بلند پایہ محدث تھے۔ اور امام مسلمؒ (۲۶۱ھ) کے استاد تھے۔ انہوں نے اپنے تلامذہ کو حکم دیا تھا کہ امام صاحب کی مجلس میں حاضر ہوا کریں اور ان کے علم و فضل سے مستفید ہوا کریں۔ لیکن ان سے کسی قسم کی اختلافی مسئلہ پر گفتگو نہ کی جائے۔ جس کی بدولت مجھ میں اور امام احمد بن اسماعیل بخاریؒ میں رنجش ہو جائے۔ اور غیر اقوام کو اہل سنت کے اختلاف پر ہنسی اڑانے کا موقع ہاتھ آجائے۔ دوسرے دن امام محمد بن یحییٰ ذیلی اپنی جماعت کے ساتھ امام صاحب کی مجلس درس میں پہنچے۔ اتفاق سے وہی صورت پیش آگئی۔ جس کا انہیں خوف تھا کہ ایک شخص نے امام صاحب سے سوال کیا یا ابا عبد اللہ! قرآن کے جو الفاظ ہماری زبان سے نکلتے ہیں کیا وہ مخلوق نہیں۔ سوال کے اصلی الفاظ یہ تھے۔ لفظي بالقران مخلوق ام لا امام بخاریؒ خاموش رہے۔ اس نے دوبارہ سوال کیا۔ تو امام صاحب نے فرمایا کہ:

القرآن كلام الله غير مخلوق ولفظي بالقرآن الفاظنا و الفاظنا من افعالنا وافعالنا مخلوقة

قرآن کلام الٰہی اور غیر مخلوق ہے۔ اور جو الفاظ ہماری زبان سے نکلتے ہیں وہ ہمارے ہیں اور ہمارے الفاظ ہماری زبان کی ایک حرکت ہے اس لئے ہمارا ایک فعل ہے اور افعال مخلوق ہیں۔

امام بخاریؒ نے ان مختصر لفظوں میں در حقیقت اس بحث کا فیصلہ کر دیا تھا۔ ظاہر ہے کہ اگر قرآن کا مفہوم نفس کلام ہے۔ تو کلام اللہ خدا کی ایک صفت ہے۔ اور خدا کی صفت کیونکر کلام ہو سکتی ہے۔ اگر وہ الفاظ مراد ہیں۔ جو ہماری حادث زبانوں سے نکلتے ہیں تو چونکہ وہ مخلوق کا ایک فعل ہے لہذا ان کے مخلوق ہونے میں کلام نہیں۔

لیکن اس دقیق جواب کو عوام نہ سمجھ سکے۔ اس لئے اس واقعہ کو اس قدر بڑھایا اور شہرت دی۔ کہ امام صاحب کی ہر دلعزیزی میں فرق آگیا۔ لیکن جو لوگ باریک بین اور نکتہ رس تھے۔ وہ اس جواب کے تہہ تک پہنچ گئے۔ اور پہلے سے زیادہ وقعت دینے لگے انہی لوگوں میں امام مسلمؒ بھی تھے۔ انہیں جب معلوم ہوا کہ امام ذیلی بھی امام بخاریؒ کے مخالفین کے ساتھ اور اس کے ساتھ امام ذیلی لفظي بالقران مخلوق کے قائل ہیں تو امام مسلم سخت بر آشفتہ ہوئے۔ اور تمام نوشتے اونٹوں پر لاد کر واپس کر دیئے۔ جن میں امام ذیلی کی تقریریں قلمبند تھیں۔ امام بخاریؒ سے لوگوں نے عرض کی، کہ آپ اپنے قول سے رجوع کر لیں۔ تو آپ نے فرمایا! ایسا بغیر دلیل کے نہیں ہو سکتا تو لوگ امام صاحب کے اس جواب سے واپس چلے گئے۔

امام بخاریؒ کا مسلک :۔

امام بخاریؒ کے مسلک کے بارے میں لوگوں میں اختلاف ہے۔ کبار محدثین کے ساتھ ہمیشہ سے یہ معاملہ رہا ہے کہ مختلف مسلک والوں نے اپنے اپنے مسلک کا پیرو ثابت کرنے کی کوشش کی ہے یہی معاملہ امام بخاریؒ کے ساتھ ہوا۔ علامہ تقی الدین سبکی نے آپ کو شافعی لکھا ہے۔ اور محی السنۃ مولانا سید نواب صدیق حسن خان نے بھی علامہ تقی الدین سبکی کی تائید کی ہے۔ اور امام صاحب کو ائمہ شافعیہ میں شمار کیا ہے۔

حافظ ابن حجر عسقلانیؒ کے نزدیک امام بخاریؒ کے مباحث فقیہ کا غالب حصہ امام

شافعی کے مسلک سے ماخوذ ہے علامہ ابن القیم کی تحقیق یہ ہے کہ امام بخاریؒ حنبلی تھے۔ لیکن علامہ طاہر الجزاری کہتے ہیں کہ امام بخاریؒ مجتہد مطلق تھے۔ علامہ سید انور شاہ کشمیری کہتے ہیں کہ امام بخاریؒ مجتہد مطلق تھے۔

واعلم أن البخاري مجتهد لا ريب فيه، وما اشتهر أنه شافعي، فلموافقته إياه

"آپ بلاشبہ مجتہد مطلق تھے اورآپ کے متعلق یہ مشہور نہیں کہ آپ شافعی تھے۔ اور آپ نے مسائل مشہورہ میں امام شافعیؒ کے مسلک کی پیروی کی ہے۔

جمہور علماء حدیث وفقہ کا فیصلہ یہ ہے کہ امام بخاریؒ مجتہد مطلق تھے۔ شیخ الاسلام حافظ ابن تیمیہؒ کہتے ہیں کہ:۔

امام المحدثین امام الفقہ تھے اور اہل اجتہاد سے تھے۔

جلاوطنی اور انتقال:۔

نیشاپور سے امام محمد بن اسماعیل بخاریؒ واپس اپنے وطن بخارا آگئے تو لوگوں نے آپ کے خلاف بھڑکانے کے لئے مختلف مقامات سے حاکم بخارا خالد بن احمد زیلی کو خطوط لکھے خطوط لکھنے والوں میں محدث نیشاپور امام محمد بن یحییٰ ذیلی بھی شامل تھے۔ حاکم بخارا بھی امام صاحب سے ناراض تھا۔ تو اس نے امام صاحب کے خلاف تادیبی کاروائی کرنے کا ایک بہانہ تلاش کیا۔ اور وہ یہ کہ امام صاحب کو کہلا بھیجا کہ آپ میرے بچوں کو "الجامع الصحیح البخاری" اور "تاریخ کبیر" میرے گھر پر آکر پڑھایا کریں امام صاحب نے جواب میں فرمایا۔

اس سے علم کی توہین ہوتی ہے بچے میرے درس میں آکر پڑھا کریں۔ اس کے جواب میں حاکم بخارا نے کہا میرے بچے آپ کے درس میں آسکتے ہیں لیکن شرط یہ ہے کہ اس وقت کوئی دوسرا طالب وہاں موجود نہ ہو۔ امام صاحب نے یہ شرط بھی منظور نہ

کی۔اس جواب سے حاکم بخارا ناراض ہو گیا۔اور آپ کو بخارا سے نکل جانے کا حکم دے دیا۔چنانچہ امام صاحب بخارا سے نکل کر سمر قند پہنچے اور یہاں آپ نے یکم شوال ۲۵۲ھ کو ۶۲ سال کی عمر میں انتقال کیا بخارا سے نکلتے وقت امام بخاری نے حاکم بخارا کے حق میں بد دعا کی اور فرمایا:۔

اللهم أرهم ما قصدوني به في أنفسهم, وأولادهم

"اے اللہ جس بات کا مجھ پر ان لوگوں نے ارادہ کیا تو وہی بات ان کو انہیں کی ذات اور اولاد میں دکھا۔"

چند روز بعد اس دعا کا یہ اثر مرتب ہوا۔ کہ خالد بن یحییٰ ذیلی حاکم بخارا کے بارے میں طاہر معدودیں کی طرف سے (جو اس وقت خراسان پر حکمران تھے) یہ حکم پہنچا کہ خالد بن یحییٰ کو گدھے پر بٹھا کر تشہیر کی جائے اور بعد تشہیر قید کیا جائے۔انجام یہ ہوا کہ قید خانہ ہی میں اس کی وفات ہوئی۔ دیدی کہ خون ناحق بر واو شمع را

"چند اں اماں نداد کہ شب راسحرکند"

امام بخاریؒ کے دو شعر:۔

امام محمد بن اسماعیل بخاریؒ شاعر نہ تھے۔لیکن کبھی کبھی منظوم کلام سے دلچسپی لے لیا کرتے تھے۔اور ان کی زبان سے نصیحت آمیز اشعار موزوں ہو جاتے تھے۔جس کو شاعری نہیں کہتے اور نہ اس پر (فِي كُلِّ وَادٍ يَهِيمُونَ) صادق آتا ہے۔امام ابو عبد اللہ حاکم سے مروی ہے کہ میں نے امام بخاری کے درج ذیل دو شعر بخط مسملی لکھے ہوئے دیکھے۔

* * *